HUBERTUS MEYER-BURCKHARDT

Diese ganze Scheiße mit der Zeit

AF203887

GOLDMANN

Buch

»ES – gibt – keine – vernünftige – Alternative – zum – Optimismus!
Wie ein Mantra hat mich dieser Satz durch mein Leben begleitet. Und
nun sitze ich mit meiner Frau in einem Taxi vor einer Kirche in Berlin-Steglitz. Während ich die Trauernden beobachte, die sich hier bereits in großer Zahl versammelt haben, höre ich mit klopfendem Herzen dem Arzt der Hamburger Uniklinik zu ...«
Erst als die beiden Störenfriede *Kafka* und *Shaw* in sein Leben treten,
wird dem Autor, Produzent und Moderator Hubertus Meyer-Burckhardt schlagartig klar: Auch seine Zeit könnte eines nicht mehr so fernen Tages ablaufen. Er beginnt seine Prioritäten zu überdenken. Macht
Dinge, ohne sie vorher auf ihren Nutzen zu überprüfen, versucht so
gut wie gar nichts mehr zu planen und nimmt seine Leser mit auf
seine ganz persönliche Zeitreise durchs Leben.
»Ich muss Sie warnen. Das ist kein Roman, keine Biografie, keine Erzählung. Es ist das, was Unfallopfer berichten, wenn das Leben in
Sekundenschnelle an einem vorbeizieht.« *Hubertus Meyer-Burckhardt*

Autor

Hubertus Meyer-Burckhardt, 1956 in Kassel geboren, betrat bereits
im Alter von 15 Jahren die Bühne des dortigen Stadttheaters. Seitdem wusste er, dass er einmal »irgendetwas mit Unterhaltung« machen wollte und besuchte die Hochschule für Fernsehen und Film. Als
TV-Produzent gewann er zahlreiche Preise, verbrachte Jahre im Vorstand der Axel Springer AG sowie bei ProSieben-Sat.1 und hatte eine
Professur an der Hamburg Media School. Einem Millionenpublikum
ist er zudem als Gastgeber der »NDR Talk Show« bekannt.

Hubertus Meyer-Burckhardt

Diese ganze Scheiße mit der Zeit

Meine Entdeckung des Jetzt

Unter Mitarbeit
von Stephanie Ehrenschwendner

GOLDMANN

Inhalt

Vorwort

Ich habe so viel Respekt vor Ihrer Lebenszeit, liebe Leserin, lieber Leser, dass ich Ihnen wünsche, Sie nach der Lektüre dieses Buches optimistischer, zuversichtlicher anzutreffen als jetzt, vor der Lektüre. Das bin ich Ihnen schuldig. Es geht um einen prügelnden Vater, zwei Karzinome und hin und wieder um die Musik von Rod Stewart – alle Zutaten für ein äußerst amüsantes Buch stehen also zur Verfügung.

Gießen Sie sich ein Glas Wein ein, hören Sie sich zur Einstimmung noch schnell von Robert Finley »Get It While You Can« an und vertrauen Sie sich dann bitte meiner Lebensfreude, ja, Lebenslust an. Sie werden es hoffentlich nicht bereuen.

Und falls doch: Ich gehe auf Lesetour und komme sicherlich auch bei Ihnen vorbei. Falls ich Sie doch enttäuscht haben sollte, geht der Wein auf mich.

Viel Spaß, Ihr Hubertus Meyer-Burckhardt

»Du hast zwei Leben. Das zweite beginnt, wenn du begreifst, dass du nur eines hast.«

1.

Es gibt keine vernünftige Alternative zum Optimismus! Das war doch mein Satz. Ich hatte ihn verinnerlicht, jahrzehntelang hat er mich durch viele Täler begleitet, mit ihm habe ich Freunde und Kollegen getröstet, die sich mir mit ihren kleinen und manchmal größeren Problemen anvertrauten.

Es – gibt – keine – vernünftige – Alternative – zum – Optimismus!

Wie ein Mantra hat mich dieser Satz durch mein Leben begleitet. Und nun sitze ich mit meiner Frau in einem Taxi vor einer Kirche in Berlin-Steglitz. Während ich die Trauernden beobachte, die sich hier bereits in großer Zahl versammelt haben, höre ich mit klopfendem Herzen dem Arzt der Hamburger Uniklinik zu, der mir telefonisch das Ergebnis einer vor wenigen Tagen durchgeführten Gewebeprobe mitteilt. Meine Frau hört jedes Wort mit, was nicht daran liegt, dass ich mein Smartphone auf laut gestellt habe, sondern daran, dass der Arzt laut und deutlich (und keineswegs einfühlsam) seine Worte setzt. Der Taxifahrer traut sich nicht zu unterbrechen; er spürt wohl, dass dieses Telefonat eine für mich, für uns schicksalhafte Bedeutung hat. Nun ja, seine Uhr läuft ja auch weiter – ob meine Uhr, meine Lebensuhr weiterlaufen wird, das ist seit dem 13. Oktober 2017 ungewiss.

Es ist der Geburtstag meiner Frau und gleichzeitig der Tag der Beerdigung einer Freundin, die mit 51 Jahren an Krebs verstorben ist. Und es ist der Tag, an dem ich erfahre, dass ich ebenfalls Krebs habe. Zwei Karzinome haben sich bei mir, dem Nichtraucher, eingenistet. Im Zuge einer Routineuntersuchung ist das herausgekommen. Und nun suche ich nach meinem Optimismus wie nach einem verlorenen Portemonnaie, das ich übrigens an diesem Tag im Taxi liegen gelassen habe.

Zorn kommt in mir hoch. Ich hatte doch den Hamburger Arzt gebeten, mir das Ergebnis auf keinen Fall vor dem 13. Oktober mitzuteilen, geschweige denn am 13. Oktober selbst. Ich hatte ja gewusst, dass dieser Tag im Wesentlichen der verstorbenen Freundin gehören sollte und ein bisschen auch meiner Frau, die bei aller Trauer abends das Leben, ihren Geburtstag eben, feiern wollte. Aber das hat dieser Arzt, der sicher handwerklich hervorragend ist, den man aber lieber nicht auf Patienten loslassen sollte, irgendwie vergessen. Und so betreten wir die Kirche, eng untergehakt, weinend, zwischenzeitlich ohne Hoffnung ... und ohne Portemonnaie.

Keine vernünftige Alternative ... Das geht mir während der Trauerfeier immer wieder durch den Kopf, während ich um Fassung ringe. Warum meinte der Philosoph Karl Popper, von dem dieser Satz stammt, dass es zum Optimismus keine vernünftige (!) Alternative gibt? Es wäre ja nur zu verständlich, nach einer solchen Diagnose zu verzweifeln, aber da liegt ja kein Segen drauf, das führt ja zu nichts! Und so bemühe ich mich, während die Orgel spielt, um ein erstes Aufräumen meiner Seele. Es ist ein erstes Aufbäumen. Trotz, der mir in diesen Minuten als ein Vorbote der Vernunft erscheint. Ich blicke nach oben. Die Sonne scheint ein wenig durch die Kirchenfenster. Das Licht wird blau und gelb gefiltert, fällt dann auf die braunen, hölzernen Kirchenbänke. Es ist ein schöner Herbsttag in Berlin.

Der ganze Tag steht im Zeichen der verstorbenen Freundin, wie kann es auch anders sein! Gleichzeitig versuche ich, mich ein wenig zu sortieren. Ich habe für den Abend einen Tisch im Berliner Restaurant Neni bestellt: für unsere Freunde, die alle meine Frau feiern wollen.

Gleichzeitig gewinne ich mehr und mehr Klarheit darüber, dass es für mich ein Leben vor dem 13. Oktober 2017 gab und eines nach dem 13. Oktober geben wird. Und diese beiden Leben werden vermutlich nicht so viel miteinander zu tun haben. »Du hast zwei Leben. Das zweite beginnt, wenn du begreifst, dass du nur eines hast.« Dieser Ausspruch des englischen Schauspielers Tom Hiddleston war bisher bloß in meinem Verstand angekommen, nun hat er aber auch mein Herz erreicht.

Auf dem Weg von der Beerdigung zum nahe gelegenen Café, wo sich die Trauergemeinde zu Kaffee und Kuchen einfindet, erreicht mich eine SMS der Taxizentrale, bei der ich am Morgen angerufen hatte, um einen Wagen zu bestellen. Mein Portemonnaie sei gefunden worden. Und nun möchte man von mir wissen, wo man es denn abgeben dürfe. Von diesem Moment an wusste ich zwei Dinge: Erstens werde ich dem Taxifahrer von heute Morgen einen unvernünftig hohen Finderlohn zahlen. Zweitens werde ich den Krebs besiegen. Und dieser Siegeszug beginnt am Abend im Neni, im Kreise von Freunden. Basta.

Der Tod einer Freundin, die mit 51 Jahren verstirbt, Kinder und Mann zurücklässt, der Geburtstag der (geliebten) Ehefrau und die eigene Diagnose. Kann man an einem solchen Abend »feiern«? Sicher nicht, wenn das gleichbedeutend ist mit laut und ausgelassen sein. Muss es aber nicht. Gut getan hat uns, dass das Neni von Israelis geführt wird und uns eine mediterrane Atmosphäre umarmt. Es liegt über den Dächern des alten Westberlins. Man sieht die Gedächtniskirche, den Zoo ahnt man mehr, denn die Geräusche der Tiere aus aller Welt sind bis nach oben zu hören. Die Bedienung ist zuvorkommend und heiter (Gott sei Dank nicht lustig), und man isst mehr mit den Fingern als mit Messer und Gabel. Ich halte eine kleine Rede, freue mich darüber, dass sich alle – dank oder trotz der Tischordnung – bis in die frühen Morgenstunden gut unterhalten, und gehe irgendwann allein hinaus auf die Terrasse, um diesen Tag Revue passieren zu lassen.

Das Hupen der Autos, das von weit unten bis nach hier oben dringt, erinnert mich an Neil Diamonds »Beautiful Noise«, einen Song der die Straßengeräusche von New York City feiert. Dies wiederum harmoniert so gar nicht mit den Lauten afrikanischer Tiere aus dem nahen Zoo. Über mir setzt ein Flugzeug zur Landung in Tegel an. Das beleuchtete Leitwerk legt den Blick auf das Finnair-Logo frei. Neben mir diskutieren vier junge Berliner Geschäftsleute über die Zukunft des stationären Einzelhandels in Zeiten der Digitalisierung. »Douglas ist bald tot«, sagt einer. »Ich nicht«, sage ich trotzig und leise, aber wohl nicht leise genug. Die Männer schauen irritiert. Zu mehr Gefühl als zur Irritation sind sie vielleicht auch gar nicht in der Lage, denke ich. Es ist absurd, dieser Abend, diese Mischung von Eindrücken.

Das, was morgens im Taxi vor der Kirche in Steglitz begann, ist nicht mehr und nicht weniger als ein Weckruf. Hubertus, wach auf, besinne dich. Was ist dir wichtig und was nicht? Ich lächle. Aus dem Lächeln wird ein Lachen, die Tränen, die mir die Wangen hinunterlaufen, sind mir vor den neben mir stehenden Paaren, die mir jetzt erst auffallen, keineswegs peinlich. Ich heule ja nicht. Ich lebe doch nur. Als ich mich von der Balustrade abwenden möchte, um zurückzugehen, stoße ich um Haaresbreite ein einsames Campari-Glas um. Eine junge Bedienung, die das alles beobachtet hat, lächelt mich an und sagt: »Bei weinenden Männern geht der Campari aufs Haus.«

»Und bei lachenden Männern, wie ist es da?«, will ich wissen.

»Die kommen in Berlin nicht so oft vor«, erwidert sie und verschwindet mit einem Augenzwinkern.

In den frühen Morgenstunden machen meine Frau und ich uns schließlich eng umschlungen auf den Weg in unser nahe gelegenes Hotel. Mittlerweile regnet es ein wenig, Blätter fallen von den Bäumen, Taxis bremsen ab in der Hoffnung, uns als Fahrgäste zu gewinnen.

»Du solltest den beiden Karzinomen Namen geben«, sagt meine Frau plötzlich. »Gegner ohne Namen sind keine Gegner, die man bekämpfen kann«, ergänzt sie.

Ich sehe sie erstaunt an. »Karzi und Nom«, albere ich. Nüchtern war ich da nicht mehr.

»Nein, benenne sie nach deinen beiden Lieblingsautoren.«

»Franz Kafka und George Bernard Shaw?«, frage ich irritiert. »Franz und George?«

»Nein«, erwidert sie bestimmt. »Nimm ihre Nachnamen: Kafka und Shaw!«

»Okay...« Ich zögere, muss mich an diesen Gedanken gewöhnen. Kafka und Shaw? »Dann liegst du aber gleich mit drei Männern im Hotelbett«, gebe ich zu bedenken.

»Das hat mich noch nie gestört.«

Dass es so nicht mehr weitergehen konnte, hatte ich geahnt. Irgendetwas stimmte nicht mehr an meiner Art zu leben, an der Art, wie ich mit meiner Gesundheit und auch meiner Lebenszeit umging. Ich kannte die Grundrisse der größten europäischen Flughafengebäude besser als die Menschen, die darin Tag für Tag arbeiteten. Ich kannte beispielsweise den Flughafen München so gut, dass ich die Gänge, die Rolltreppen, die Laufbänder so nehmen konnte, wie ein Formel-1-Pilot die Kurven auf dem Hockenheimring. Ich berechnete die Wege, bevor ich sie als Fußgänger (!) nahm, und – ich gebe es zu – ich »schnitt« andere neben mir laufende Reisende, sodass ich als Erster am Taxistand war.

Ich wusste bestimmte Abflugzeiten zwischen zwei Destinationen auswendig und traf bestimmte Flugbegleiter der Lufthansa so oft wieder, dass sie mich fast kollegial begrüßten, durchaus mit einer Spur Mitleid. Ich bin um die halbe Welt geflogen, um bei einem Elternabend für meinen Sohn anwesend zu sein und dann am nächsten Morgen die ganze Strecke wieder zurückzufliegen. In Zeiten von Flugscham – das gab es damals noch nicht – scheue ich mich, Ihnen hier die genaue Streckenführung mitzuteilen. Ich bin mit meiner Zeit umgegangen wie ein verwöhnter Erbe mit dem Geld seines Vaters. Hemmungslos und ohne jede Reflexion.

Die Jugend
ist etwas
Wundervolles.
Es ist eine
Schande,
dass man sie
an Kinder
vergeudet

2.

Ich wuchs neben einer Kirche auf. Das brachte es mit sich, dass ich unfreiwillig an Gottesdiensten, Hochzeiten, Taufen und Beerdigungen teilnahm, als Zaungast sozusagen. Ich fand es als Kind spannend zu beobachten, wie unterschiedlich die Menschen gekleidet waren, wie verschieden naturgemäß ihre Stimmung war, wenn sie sich vor dem Kirchengebäude versammelten. Bei Gottesdiensten waren es die vielen alten Frauen, die ohne Begleitung in die Kirche huschten: Für sie empfand ich Mitleid, da sie auf mich in ihrem ganzen Habitus traurig, ja, deprimierend wirkten. Bei Hochzeiten verliebte ich mich regelmäßig in die Braut, egal wie sie ausschaute, und dachte mir immer: Mein Gott, so eine schöne Frau und so ein armseliger Bräutigam.

Ein früher Anflug von Chauvinismus lässt sich da nicht bestreiten. Viel schlimmer: Ich hatte die Fantasie, dass ich die Braut eines Tages aus den Fängen ihres Mannes würde befreien müssen. Und das mit ungefähr neun Jahren. Häufig sah ich die Bräute dann wenig später im Rahmen einer Taufe wieder. Dabei wurde mir zum einen klar, dass ich mit meiner Rettungsaktion zu lange gewartet hatte, zum anderen war ich zu dem Zeitpunkt mit der Wahl des Bräutigams meist versöhnt, weil über einer Taufe etwas Zauberhaftes zu schweben schien, das alle Anwesenden lächeln ließ.

Ganz anders die Trauerfeiern, die Beerdigungen. Ich klebte an der Scheibe meines Zimmerfensters, das einen freien Blick auf die Trauergemeinde zuließ, und hatte das Gefühl, an einem fremden, unbekannten Ritual teilzunehmen. Ich hatte schon damals – als Kind – für mich ausgeschlossen, jemals zu sterben. Das, was da geschah, betraf mich genauso wenig wie ein malaysischer Volkstanz. Wie dumm musste man sein, um zu sterben! Der Tod kam für mich überhaupt nicht infrage, er war etwas für Schwächlinge, eine lächerliche Konvention, die es abzuschaffen galt.

55 Jahre später hat sich mein Blick auf das Ende naturgemäß verschoben, verändert. Gleichwohl hat diese Kirche in Kassel – die Christus-Kirche – früh mein Bewusstsein geschärft für die Lebenszeit, die vor mir liegt. Das Beobachten unzähliger Taufen, Konfirmationen, Hochzeiten und Beerdigungen bleibt ja nicht folgenlos für eine Kinderseele. Andererseits spielte diese Kirche auch eine Rolle bei der Bewältigung des Alltags. Für meine alleinerziehende Mutter war sie eine verlässliche pädagogische Partnerin. Denn: Es gab einen Turm, und der hatte – dem Protestantismus sei Dank – ein recht karges Geläut, unüberhörbar zwar, aber wenig sinnlich.

Meine Mutter, über die ich sonst nur Gutes sagen kann, hatte sich nun in den Kopf gesetzt, dass das abendliche Sechsuhrläuten mein Zeichen sei, den Heimweg anzutreten. Nun erklangen die Glocken aber um 18 Uhr, und nur dann, zehn Minuten länger als üblich, also bis zehn nach sechs. Ich weiß nicht, warum das so war. Vielleicht damit die Bauern vom Feld kamen, die Angestellten aus dem Büro – oder nur ich rechtzeitig nach Hause ... Was weiß ich!

Es gab damals also noch ein richtiges Einläuten des Feierabends. Zehn Minuten diese scheppernden Glocken zu hören, setzte mich allerdings regelmäßig unter Stress. Schon eine Weile vorher. Denn ich hatte den Radius meiner spielerischen Aktivitäten kontinuierlich ausgeweitet, Straßenzug um Straßenzug, und nur bei präziser Planung war das rechtzeitige Eintreffen zu Hause garantiert. Meine Mutter, sonst liebe- und humorvoll, verstand gar keinen Spaß, wenn ich nicht beim letzten Glockenschlag im heimischen Garten stand. Abgehetzt, verschwitzt, keuchend, egal. Hauptsache, der Junge war sicher wieder zu Hause.

Das führt bis heute dazu, dass ich überhaupt nicht unpünktlich sein kann, selbst wenn ich es wollte. Ich wäre sogar bei meiner eigenen Hinrichtung etwas zu früh dran und würde mich mit dem Erschießungskommando darüber unterhalten, wie es zu Hause der Familie so geht.

Mit der sogenannten Grundschule ging dieser Zeitfaschismus weiter. Obwohl ich pünktlich um 7.50 Uhr erschien – die zweite Stunde begann 8.25 Uhr, die dritte Stunde nach der großen Pause um 9.40 Uhr, das weiß ich alles noch recht gut –, also trotz jahrelanger Kooperation in Sachen Verlässlichkeit, entschied meine Lehrerin, dass ich zu langsam im Kopf sei, nicht schnell genug mitkäme und überhaupt. Das könnte natürlich auch daran gelegen haben, dass in meinem langsamen Kopf eine Blockflöte steckte und ich, um dieser Lehrerin zu gefallen, diese sieben Löcher bestrebt war, so zu befingern, dass unten aus diesem Horrorinstrument Musik herauskam. Um jedoch Stücke wie »Lasst doch der Jugend ihren Lauf« bald hinter mich zu bringen, entschied ich mich immer für das Presto, also die flottere Ausführung, selbst wenn der Komponist hie und da ein Largo vorgesehen hatte. Schnell klingt alles besser als langsam, das war zumindest mein Gefühl. Und das muss mir wohl irgendwie im Kopf geblieben sein…

Meine Lehrerin hätte mir damals das Metronom, das sie beim Flötenspielen neben mich stellte, am liebsten geschenkt. Johann Nepomuk Mälzel, 1772 in Regensburg geboren und 1838 im Hafen von La Guaira in Venezuela verstorben, gilt im Übrigen als der Erfinder dieses Taktgebers. Ein Abenteurer, der viel Geld verdiente, indem er die Zeit vermaß.

Meine Mutter und ihr Kirchturm, meine gefürchtete Lehrerin und ihre Blockflöte, schließlich Johann Nepomuk Mälzel und sein Metronom – das hat meine Kindheit geprägt. Oft habe ich mich gefragt, warum ich in der Geisterbahn auf dem Jahrmarkt nie Angst hatte. Ehrlich gesagt: Sie hat sich nicht so wahnsinnig von dem unterschieden, was ich von zu Hause kannte. Gewohntes Terrain.

Ich war ein schlechter Schüler, verträumt, kam nicht mit bei der Bewältigung des Stoffs. Heute weiß ich: Ich war überfordert, vielleicht gar nicht mal intellektuell, eher atmosphärisch. Dieses Gehirn in meinem Kopf war wie ein Muskel, den ich nicht trainiert hatte. Ich hätte es liebend gern in Gang gebracht, doch mir fehlten dazu die Strategie und die geeigneten Lehrer, die einem auf Augenhöhe begegneten.

Kürzlich habe ich in Kassel aus meinem Roman »Meine Tage mit Fabienne« gelesen. Es war eine sehr stimmungsvolle Veranstaltung, denn sie fand in der Kirche des Stadtteils Niederzwehren statt, ein herrlicher Raum, wunderbare, interessierte Menschen füllten ihn bis auf den letzten Platz. Ein Heimspiel. Doch beim Signieren der Bücher nach der etwa zweistündigen Lesung passierte etwas Merkwürdiges: Eine ältere, freundliche Dame kam mir recht nah und fragte, ob ich mich denn an sie erinnern könne. Ich war mir nicht sofort sicher, aber dann wurde meine Vermutung zur Gewissheit: Vor mir stand meine Klassenlehrerin, die mit der Blockflöte! Die Frau, unter der ich die ersten vier Jahre meiner Grundschulzeit buchstäblich gelitten hatte. Über 50 Jahre hatte ich sie nicht gesehen und auch nicht vermisst. Und nun stand sie vor mir und wollte von mir ein freundliches, ja, vielleicht sogar persönliches Wort hören. Ich aber war dazu nicht in der Lage. Ich erinnerte mich daran, dass sie meiner Mutter, deren Selbstwertgefühl auch nicht unerschöpflich war, geraten hatte, mich nicht auf eine »weiterführende Schule« zu geben. Dazu sei ich geistig nicht in der Lage.

Am meisten verblüffte mich, dass sie überhaupt noch lebte. In meiner Erinnerung war sie mindestens 30 Jahre älter als ich, hätte also um die neunzig sein müssen. Das stimmte aber nicht. Ich merkte, dass ich sie damals für viel älter gehalten hatte, als sie war. Durch ihren Habitus wird sie das Ihre dazu beigetragen haben.

Komisch, früher habe ich alle Menschen älter geschätzt, heute meine ich, die meisten wären jünger, als sie sind.

Wie dem auch sei: Diese Lehrerin hatte mir die gymnasiale Eignung abgesprochen. Insofern wurde kurzerhand meine Zeit in der Grundschule um ein Jahr verlängert.

Und so traf ich im neuen Schuljahr auf einen Mann, der mir wie ein Geschenk erschien nach allem, was mir zuvor widerfahren war. Buschige Augenbrauen, ein entschiedener Gang, eine Körpersprache, die autoritärer nicht hätte sein können, aber die gütigsten Augen, in die ich in meiner kurzen Schulkarriere je geblickt hatte: Herr Dippel!

Diesem Mann hatte ich es zu verdanken, dass ich zum ersten Mal nach vier Jahren Grundschule morgens gern zum Unterricht ging. Er war ein Schulmeister alten Schlags, wobei mir die Doppeldeutigkeit dieser Formulierung durchaus klar ist. Man hätte ihn sich auch in einer romantischen Dorfschule vorstellen können, er wirkte wie eine Wilhelm-Busch-Figur. Ich wäre für ihn durchs Feuer gegangen und ich bin ihm noch heute unendlich dankbar, diesem wunderbaren Herrn Dippel, der mein Selbstwertgefühl langsam wachsen ließ, ohne dass er sich bei mir anbiederte.

Wie sehr sich doch die beiden Pädagogen unterschieden: diese Lehrerin, mit der andere Mitschüler damals vielleicht positive Erfahrungen machten – das will ich gar nicht ausschließen –, und der von mir bald so verehrte Herr Dippel. Er war streng und gütig, er war gerecht und begegnete selbst den schlechten Schülern auf Augenhöhe.

Ich assoziiere dabei den Theaterkritiker Friedrich Luft, der sagte, die Voraussetzung für seine Arbeit sei die Liebe zum Theater. Niemand trifft die Entscheidung, eine richtig misslungene Inszenierung zu machen. Es passiert. Genauso wenig trifft kein Kind die Entscheidung, ein richtig schlechter Schüler zu sein, einer, der nicht mitkommt, der die gesteckten Ziele nicht erreicht. Herrn Dippel war es ein Bedürfnis, im Loser erst einmal das Selbstvertrauen zu wecken – der Rest würde sich finden. Und er behielt recht.

Gleichwohl: Die Schulzeit war nicht meine Zeit. Und ich verstehe bis heute nicht meine ehemaligen Mitschülerinnen, die, kaum der Schule entronnen, nach kurzem Studium der Pädagogik als Lehrerinnen wieder in die Schule zurückkehrten. Mir ist vollkommen schleierhaft, wie man das machen kann. Eine gesamte Lebenszeit hinter Schulmauern... Grauenhaft.

Ich dagegen fing früh an, mich anderweitig zu orientieren. Ich hörte zum Beispiel viel AFN, den amerikanischen Soldatensender des American Forces Network. Da lief Alice Coopers »School's Out« oder Rod Stewarts erster großer Hit »Maggie May«, der von der Affäre eines jungen Mannes mit einer älteren Frau erzählt. Und die Lust auf so etwas wie Sex wuchs, bevor ich überhaupt hätte sagen können, was das ist. Ich durchblätterte zu Hause den Quelle-Katalog, bevorzugt die Seiten mit Damenunterwäsche; ich schlenderte durch die Parfümerien Kassels, weil die Verkäuferinnen alle so schön geschminkt waren. Fand ich.

Als es nun zu den ersten Begegnungen mit Mädchen kam, deren Erfahrungshorizont meist auch nicht größer war als meiner, war ich bereits mit den Gesetzen des Wettbewerbs vertraut und deshalb nicht ganz ohne Selbstbewusstsein. Gleichzeitig hatte meine alleinerziehende Mutter mich, ihren einzigen Sohn, nicht wirklich aufgeklärt. Sie hatte es wohl einmal zaghaft probiert. Ziemlich bald muss ich gesagt haben: »Hör auf. Mir wird schlecht.« Da hatte sie aufgegeben.

Ich hätte aber doch besser hinhören sollen. Denn als ich mit 14 Jahren bei einem Segelkurs am Chiemsee Tina kennenlernte, hatte ich mich quasi selbst aufgeklärt und eigenmächtig sexuelle Fantasien mit den Regeln des Kapitalismus verknüpft. Und so war ich zur Überzeugung gelangt, dass man überall der Erste sein müsse, auch beim Orgasmus. Meine Unkenntnis ging so weit, dass ich fest davon ausging, meine jeweilige Sexpartnerin sei gewissermaßen stolz auf mich, wenn ich mich in dieser Disziplin nicht mit dem zweiten Platz begnügte.

Erst als mir langsam auffiel, dass die Bereitschaft der Damen, mit mir ins Bett zu gehen, spürbar nachließ, suchte ich Rat bei einem älteren Mitschüler und bekam ihn. Ebenso half die Single der Pointer Sisters, die sangen: »I want a man with a slow hand, I want a lover with an easy touch.« Sie sehen, der Rock- und Popmusik verdanke ich viel. Dazu später mehr.

3. Eine sehr große Rolle in meiner holperigen Kindheit spielte ein Bach namens Drusel. Mit meinem Freund Hajo traf ich mich dort regelmäßig, um einen Staudamm zu bauen. Aber nicht irgendeinen! Nein, vielmehr einen, über den das Wasser nie (!) hinüberlief. Das war der ehrgeizige Plan. Wir legten eine Kreativität an den Tag, die jeden Bauingenieur beeindruckt hätte. Wir dichteten die Abstände, die sich zwischen den verwendeten Feldsteinen nun mal unvermeidlich ergaben, mit Moos und allerlei Pflanzen ab. Doch damit nicht genug. Eines Tages fanden wir einen toten Dackel, der schon etwas verwest war. Den integrierten wir ebenfalls in das Mauerwerk des Staudamms, und ich darf sagen, dass dieser bauliche Geniestreich entscheidend dazu beitrug, die Drusel in einer Dimension aufzustauen, die das biologische Gleichgewicht in Nordhessen durchaus für eine kurze Weile in Gefahr brachte. Gleichwohl fand die Verwendung von Hundekadavern keinen Eingang in die Ausbildung künftiger Bauingenieure – zumindest meines Wissens nicht.

Hajo und ich lernten indes, dass wir einen Bach nicht stauen konnten, was eigentlich unser Ziel war. Und ich für meinen Teil dachte: Wenn die Drusel immer fließt, dann fließt ja alles, dann ist alles in Bewegung, auch meine Lebenszeit. Zu erkennen, dass wir Menschen darüber keine Macht haben, bedeutete zugleich, auch mich würde eines fernen Tages eine Trauerfeier wie die in der nahen Christus-Kirche betreffen!

Das beeindruckte mich so tief damals, dass ich, wenn auch nur für kurze Zeit, überlegte, Ingenieur zu werden und mich auf Staudämme zu spezialisieren, über die das Wasser niemals hinüberschwappt. Ich schlug sogar im Lexikon nach, ob es je einem Baumeister gelungen war, dieses Kunststück fertigzubringen. Ich konsultierte die Väter von Freunden. Niemand konnte mir Hoffnung machen. Auch dir, Hubertus, wird es nicht gelingen das Wasser aufzuhalten. Das war eine deprimierende Erkenntnis! Aber Hajo und ich probierten es dennoch unverdrossen immer wieder und wieder. Warum nur ist diese Erinnerung in mir so wach, als hätten wir es erst gestern versucht?

Ich lese online in der »Süddeutschen Zeitung« vom 27. Oktober 2018 im Beitrag von Sebastian Herrmann, dass »ein neuer bis dahin unbekannter Reiz so wahrgenommen wird, als nehme er mehr Zeit in Anspruch als ein exakt gleich langer, aber altbekannter Reiz. Das könnte ein Grund sein, warum die Zeit mit zunehmendem Alter zu rasen scheint. Irgendwann besteht das Leben vor allem aus Wiederholungen.« Der Philosoph Martin Heidegger bringt es recht unsentimental und etwas anders auf den Punkt: »Der sinnstiftende Horizont der Zeit ist der Tod.«

Das freilich war Hajo und mir beim täglichen Staudammbau in Kassel-Wilhelmshöhe nicht bewusst. Wir lebten in einer permanenten Sommerzeit, versessen darauf, etwas aufzuhalten, was sich nicht aufhalten ließ.

Apropos Sommer: Ich erinnere mich gut an die unbändige Freude, sobald die Sommerferien vor der Tür standen. Zum einen der Triumph, versetzt worden zu sein. Bei mir war das keine Selbstverständlichkeit. Zum anderen: der letzte Schultag. Meistens sahen wir im sogenannten Filmraum noch eine Dokumentation an, über die Edertalsperre, die Frankfurter Paulskirche – alles war besser als Unterricht! Irgendwann endete aber auch diese vierte Stunde, und wir rannten aus dem Schulgebäude wie Gefängnisinsassen, die nach zehn Jahren Einzelhaft den Duft der Freiheit atmen dürfen. Und die sechs Wochen lagen vor uns wie die Südsee, warmes, klares Wasser und schier unendliche Weiten. Kein Land in Sicht.

Kehrte ich allerdings nach den Ferien zurück, erschien mir die Zeit bis zu den nächsten Sommerferien wie ein endloser Barfußmarsch durch den Dschungel. Kein Trost, keine aufmunternden Worte, dafür schlichte Existenzangst, täglich. Dieses Wissen, den Stoff nicht draufzuhaben, den man können müsste, aber schlicht nicht verstanden hatte. Die Befürchtung, dass das auffällt. An jedem Freitag war eine rettende kleine Insel namens Wochenende in Sicht, an jedem Sonntagabend stellte sich unweigerlich die Angst ein, weil ich die Insel verlassen musste. Die täglichen Bus- und Straßenbahnfahrten empfand ich teilweise wie den Transport zum Schafott.

Erschwert wurde mein Existenzkampf auf dem Gymnasium durch einen Elternabend, den meine Eltern besuchten, mein Vater allerdings unter erheblichem Alkoholeinfluss. Ich lag wach im Bett, als sie von der abendlichen Veranstaltung zurückkamen, weil ich wissen wollte, ob vielleicht die Lehrer kritische oder am Ende sogar lobende Worte über mich geäußert hatten. Stattdessen setzte sich meine Mutter, um Fassung ringend, an mein Bett und berichtete davon, wie sich mein Vater in der Schule verhalten hatte. Er hatte wohl Schwierigkeiten gehabt, sich zu artikulieren, und mit dem Gleichgewicht gerungen. Je mehr meine Mutter den kläglichen Auftritt meines Vaters herunterspielte, umso deutlicher wurde mir die Dramatik, mit der ich von nun an konfrontiert sein würde. Zu Hause stand die Ehe meiner Eltern zur Disposition – die Alkoholprobleme meines Vaters und die daraus herrührenden Spannungen waren mir nicht entgangen. In der Schule fürchtete ich den Gesichtsverlust, das Gespött der Klassenkameraden. Unnötigerweise, wie sich später herausstellte.

Von meinem Vater in einer Stadt übersichtlicher Größe so ins Defizit gesetzt zu werden, war mir allerdings später ein Antrieb, den Namen Meyer-Burckhardt in Kassel wieder »reinzuwaschen«. Wie lange das auch dauern mochte! Ich brauchte nach meinem sehr persönlichen Empfinden 32 Jahre. 2001 berichtete schließlich die Zeitung in Kassel, die »Hessisch-Niedersächsische Allgemeine«, dass ich in den Vorstand der Axel Springer AG berufen würde. Meine erste (!) Assoziation war – als mir meine damals noch lebende Mutter dies am Telefon stolz berichtete –, meine Mission nun erfüllt zu haben. Und wer weiß: Hätte sich im Jahr 1969 meine Mutter nicht zu mir ans Bett gesetzt, um mir mit zitternder Stimme von dem Fauxpas meines Vaters zu erzählen, wäre ich vielleicht nie zu Springer gegangen und stattdessen Filmproduzent geblieben.

Die Schule konnte ich etwas besser ertragen, als ich begriff, dass es – selbst damals in Kassel – Menschen gab, die mich mehr interessierten als das, was zwischen acht Uhr morgens und 13 Uhr bewältigt werden wollte. Ich hasste die Atmosphäre im Gymnasium, diese Kombination aus Bohnerwachsgeruch und Frontalunterricht. Diesen Lehrertypus, der nichts erlebt hatte, außer in Einzelfällen das Dritte Reich – was bei Bestrafungen aufgrund ungebührlichen Verhaltens spürbar war. Ich fühlte mich der Willkür dieser sogenannten Pädagogen ausgesetzt, Tag für Tag. Mein Englischlehrer zum Beispiel hielt es für ratsam, mich vor der gesamten Klasse mit den Worten zu tadeln, man merke es mir schon jetzt an, dass ich keinen Vater mehr habe. Das sagte er wenige Tage nach der Scheidung meiner Eltern zu mir. So ging es damals zu, nicht gerade einfühlsam.

Wie ein Strafgefangener zählte ich die Jahre, Monate und Wochen herunter, bis dieser Albtraum ein Ende nehmen würde, denn es stand zu befürchten, dass ich durchs Abitur fliege. Und das hätte meinen Aufenthalt auf dieser Galeere namens Schule verlängert. Erschwerend kam hinzu, dass man mit mir als Scheidungskind nicht spielen durfte. Ich war stigmatisiert. Auch als ich bereits etwas älter war, durften die Freundinnen – offiziell – nicht in unsere Wohnung, weil meine Mutter ja »arbeiten musste«, ich insofern »sturmfreie Bude« hatte und Gelegenheit ja angeblich »Diebe macht«. Mit diesem Vokabular wuchs ich auf. Insofern musste ich in Kassel eine andere Welt für mich entdecken, um nicht zu vereinsamen und mein Glück zu finden.

Meine Mutter half mir dabei. Sie hatte Kontakt zum Statistenführer (der hieß damals wirklich so) am Staatstheater

Kassel. Ich stellte mich bei ihm vor und wurde auf Anhieb genommen. Meinen ersten Auftritt hatte ich in Bertolt Brechts Stück »Mann ist Mann«. Ich »spielte« einen Tempelbesucher, meine Mutter saß im Publikum und war stolz auf mich.

Das Staatstheater eröffnete mir eine andere Welt, faszinierend, befreiend und ungeheuer inspirierend. Ich war umgeben von Literatur, Schauspielerinnen, Opernsängerinnen, Menschen aus aller Herren Länder. Es war herrlich. Wenn ich als Statist auf der Bühne stand und nach der Vorstellung noch mit Gleichgesinnten in der Theaterkantine zusammensaß, schien die Zeit stillzustehen. Und ich verdiente ganz gutes Geld, das ich auch dringend brauchte, um meine Mutter finanziell entlasten zu können.

Eine frühe Erkenntnis: Sieh zu, dass du als Statist in Komödien eingesetzt wirst. Die laufen an einem Theater mit begrenztem Einzugsgebiet länger als Tragödien. Insofern ist die Gage berechenbarer. Eugène Scribes »Das Glas Wasser« kam auf 30 Vorstellungen, Sławomir Mrożeks »Tango« nach meiner Erinnerung mangels Zuschauerzuspruch auf zehn. Ein Statist, der vorwiegend im Musiktheater, also im sogenannten Großen Haus, tätig war, empfahl mir dringend, dorthin zu wechseln, weil Operetten noch länger liefen. »Der Graf von Luxemburg« von Franz Lehár könne durchaus auf 100 Vorstellungen kommen, wenngleich eine solche Inszenierung auch mal ein paar Monate »liegt«, um dann wieder in den Spielplan aufgenommen zu werden. Finanziell durchaus interessant, aber die Vorstellung, als

Fan der Rolling Stones allabendlich Franz Lehár um die Ohren zu haben, erschien mir wenig reizvoll. Ich sagte dankend ab. Gleichwohl begriff ich: keine Zuschauer, kein Geld. Diese Lektion hat mir als TV-Produzent Jahrzehnte später durchaus geholfen.

Es gab in dieser Zeit, ich war 16, vielleicht 17, einen Tag, den ich nicht vergessen werde: An einem Freitag stand ich als Sargträger in Shakespeares »Hamlet« auf der Bühne, daran schloss sich eine Nacht an mit der Schauspielerin, die die Ophelia gegeben hatte. Zuerst lag sie in ihrem Sarg, danach ich in ihrem Bett. Sie war acht Jahre älter als ich, im Grunde unerreichbar. Irgendwann traute ich mich und gab für sie einen Brief – nennen wir ihn ruhig Liebesbrief – beim Pförtner am Bühneneingang ab. Mit zitternder Hand. Tage vergingen, bis ich sie zufällig in der Kantine wiedertraf. Ich war vollkommen überfordert, stotterte, schwitzte ein wenig auf der Oberlippe. Daraufhin holte sie am Tresen zwei Buletten und zwei Bier, nahm neben mir Platz und schaute mich so lange lächelnd an, bis ich einer Ohnmacht nah war. Gleichzeitig genoss ich ihre Aufmerksamkeit: Zum einen tat das meinem Selbstvertrauen gut, zum anderen waren meine »Mitbewerber und Konkurrenten« in ihre Schranken gewiesen, zumindest für den Moment. Immerhin waren das Opernsänger und Schauspieler, die alle mindestens 15 Jahre älter waren als ich.

Ich hatte mich auf ein Terrain gewagt, für das mir jede Lebenserfahrung fehlte. Gerade deshalb fühlte es sich so neu und frisch und unbekannt an. Ich fand schon damals, dass das Kunstlicht (des Theaters) gnädiger und faszinierender ist als das Tageslicht (meines Alltags). Mir bleibt diese Zeit am Staatstheater Kassel unvergesslich. Wahrscheinlich wegen der ersten wesentlichen erotischen Erfahrung, werden Sie vermuten. Sicher auch.

Aber da war noch etwas anderes. Wenn Musik inszenierte Zeit ist, dann gilt das ebenso fürs Theater. Bereits der Bau der Kulisse spricht von Vergänglichkeit, da vor einer Premiere bei der Spielplangestaltung festgelegt wird, wie viele Vorstellungen, wie viele Abende es geben wird. Und nach der letzten Aufführung, der Dernière, ist alles wieder wie vorher, als ob es diese Aufführung nie gegeben hätte.

»Und was ich war und bin und immer bleiben werde, geht mit mir ohne Ungeduld und Eile, als wär ich nie gewesen oder kaum«, so schließt Hans Sahls Gedicht »Strophen«. Ja, das Theater war für mich früh ein Gleichnis für das Leben und das Sterben – und in diese Vergänglichkeit eingebettet lag mein »erstes Mal«.

Ein weiterer Ort früher erotischer Begegnungen war der Asch, ein Waldsee im Habichtswald bei Kassel. Ich war kürzlich wieder einmal dort. Es war gespenstisch, denn ein Wald verändert sich nicht oder nur unwesentlich. Die Zeit steht dort still. »Sie« lebt heute in den USA, verheiratet. Mutter eines Sohnes.

Und hier kommt mir Brechts Gedicht »Entdeckung an einer jungen Frau« in den Sinn. Darin beschreibt er sehr poetisch einen One-Night-Stand. Aber: »Da sah ich: eine

Strähn in ihrem Haar war grau.« Im Rausch wird er mit der Vergänglichkeit konfrontiert. Das traf auch mich, als ich wieder in diesem Wald war. Ein sonnendurchfluteter Hochwald, der Asch liegt ruhig und ein wenig versteckt da – so wie immer. Und die Bilder von damals besetzen meinen Kopf... Eine alte Decke auf dem Waldboden, die Hoffnung auf gutes Wetter, weil wir keine Wohnung hatten, in die wir hätten gehen können. Das Wissen um die fehlende sexuelle Erfahrung, gleichzeitig die Neugier, die das mangelnde Selbstwertgefühl überlagerte. An den Rausch erinnere ich mich, als wäre das alles erst gestern geschehen. Aber die Haare sind nun grau, ihre wie meine.

Ich denke auch, was für ein Privileg es ist, auf frühe sexuelle Erlebnisse zurückblicken zu dürfen, die positiv besetzt sind, wenngleich sie nicht unterschiedlicher sein könnten – im Theater, wo sich alles ständig verändert, und am Ufer eines Sees im Wald, wo sich gar nichts verändert (hat). Ich nahm den nächsten ICE zurück nach Hamburg.

Doch genau dieser Wald lässt mich nicht los. Ich möchte darin, zu meiner eigenen Verblüffung, »unsterblich« werden, also Spuren hinterlassen. Dazu sammle ich seit vielen Jahren Steine, Steinchen, Kiesel aus allen Erdteilen, die ich in Hamburg zwischenlagere und, wenn mich mein Weg mal wieder nach Kassel führt, im Habichtswald »freilasse«. Die ganze Gegend rund um Kassels Wahrzeichen, den Herkules, ist also übersät mit meinen Steinen aus aller Welt. Ein Stein ist beispielsweise aus Tel Aviv – er lag vor dem Appartement meines Sohnes Max, der dort eine Weile studiert hat. Heute liegt er genau da, wo ich mit Hajo die Zeit stauen wollte: in der Drusel.

Ich weiß heute selbst nicht mehr, wo ich diese ganzen Steine und Kiesel hingebracht habe. Wenn ich sie denn – aus welchem Grund auch immer – finden müsste, wäre das nicht möglich. Sie stammen aus Russland, den USA, Australien, Frankreich und Ghana. Und irgendwie ist der Gedanke schön für mich, dass auf dem Bergrücken des Habichtswalds die Welt in Gestalt unzähliger Steine und Steinchen liegt.

4.

Seit ich denken kann, wollte ich hinaus in die Welt. Ich wollte weg. Und ich hatte an allem Fremden und Neuen Interesse. Ich habe gewiss unbewusst meinen Vater provoziert, indem ich ihn, der für Militarismus und klassische Musik stand, meine Abneigung spüren ließ. Sicher wäre ich dankbar für einen »tollen Vater« gewesen, aber alles, was er tat, brachte uns langsam, aber unerbittlich auseinander.

Als die Rockmusik aus England und der Blues aus den USA Mitte der Sechzigerjahre nach Deutschland schwappten, war ich, das hatte ich ja schon erwähnt, elektrisiert. Ich spürte, dass da etwas Aufregendes begann. Und ich wollte auch nicht mehr zum Friseur, sondern lange Haare tragen, mit zwölf! Mein Vater zwang mich jedoch zu einer Kurzhaarfrisur. Haare, die auf den Ohren aufsaßen, nannte er »Helmträger«. »Die Langhaarigen« waren für ihn stinkende Gammler, und unter Alkoholeinfluss konnte er einem »den Podex versohlen«, rituell, nach einem gewissen Takt. Die Pausen zwischen den Hieben verlängerte er jeweils um eine Sekunde.

Ganz unmusikalisch war er also nicht, doch leider wurde seine Vorliebe für Märsche auch beim Prügeln spürbar. Wäre er Jazzfan gewesen, hätte ich weniger gelitten. Mein Vater wurde 1918 geboren. Als er zwanzig war, begann der Zweite Weltkrieg. Das war definitiv keine gute Zeit für ein Leben – und so litt auch die Leber meines Vaters. Vom Alkohol ein Leben lang betäubt, fand er bei Hitler nicht alles schlecht.

Wenn ich etwas massiv kritisierte, war ich ein »Nestbeschmutzer«. Mit zwölf schmiss ich ihn dann raus, erst danach fing meine Kindheit an. Etwas spät, aber noch früh genug. Es geschah beim Mittagessen an einem Samstag, und es war nicht geplant. Ich bin wohl über mich selbst hinausgewachsen. Mein Vater hatte wieder einmal zu viel getrunken, meine Mutter wirkte eingeschüchtert, eine Stimmung wie unter einer Glocke, alles verschwand, wie mit Mehltau bedeckt.

Er führte das Wort, eine reaktionäre Banalität reihte sich an die andere. Und plötzlich hatte ich die Nase voll. Ich erkannte, dass ich meine Mutter und mich selbst aus dieser Zwangslage befreien musste. Ich stand auf und befahl ihm laut und deutlich zu gehen. Erst wollte er mich wieder verprügeln und versuchte, mich mit dem Satz einzuschüchtern: »Solange du deine Füße unter meinen Tisch stellst...« Aber dann bemerkte er wohl, wie entschlossen ich war. Er folgte einem, meinem Befehl. Das war er schließlich aus anderen Zeiten gewohnt. Ich habe ihn nie wieder gesehen.

Ich nehme meinem Vater heute nichts mehr übel; er wusste es nicht besser. Gleichwohl: Ich mochte weder seinen Humor noch seine politischen Auffassungen. Er sah die Welt simpel, und das ist mitunter gefährlich. Und er roch nicht gut. Manchmal ersetzte er die Körperpflege durch »Irisch Moos« oder »Old Spice«, Düfte, die heute noch im Handel sind. In den Haaren hatte er »Brisk«, eine Frisiercreme mit ebenfalls speziellem Geruch. Zu der Antipathie hinzu kam also auch noch die Erkenntnis, die für einen kleinen Jungen nicht angenehm ist: Ich konnte meinen eigenen Vater nicht riechen, er stank mir.

Ich habe gezögert, ob ich das so niederschreiben kann und soll, aber es gehört nun mal zu meinem Leben dazu. Und mit der Musik verhielt es sich nicht anders. Mein Vater schätzte den Volkssänger Willy Schneider, einen älteren Herrn mit silbergrauem Haar, der häufig im »Blauen Bock« bei Heinz Schenk auftrat. Schneiders Lieder erfüllten das Bedürfnis meines Vaters nach Rührseligkeit. Brutalität und Sentimentalität – das waren die beherrschenden Charaktereigenschaften meines Vaters. Und ich ordnete Schneider sozusagen dem Postfaschismus im Frack zu, dem parlamentarischen Arm der Wehrmacht-Alumnis. Sicher ungerecht, aber damals empfand ich es so. Mein Vater schmolz indes dahin. So bin ich mit den Liedern »Man müsste noch mal zwanzig sein«, »Warum ist es am Rhein so schön« oder »Schütt die Sorgen in ein Gläschen Wein«

aufgewachsen beziehungsweise mit Klassik. Sonntagsmorgens Beethoven.

Ich dagegen ließ meine »Negermusik« laufen: die Rolling Stones, Frank Zappa, Jimi Hendrix, Janis Joplin ... Rod Stewart. Was dieser Konflikt damals ausmachte, kann man sich heute nicht mehr vorstellen, aber er war kaum weniger gewalthaltig als die damalige innerdeutsche Grenze. Vermintes Gelände. Vergangenheit gegen Moderne, Spießbürgertum gegen Avantgarde, die gute alte Zeit, die so gar nicht gut war, gegen eine neue Zeit, die zumindest aus meiner Sicht Anlass zu großen Hoffnungen gab.

5.

»Wenn du es diesmal nicht schaffst, Hubertus, arbeitet die Zeit gegen dich.« Dieses Statement stammte von meinem Mathematiklehrer, Herrn Luther, den ich mochte, obwohl ich Mathe nicht konnte. Er beherrschte die Kunst des Respekts, auch dem mäßigen Schüler gegenüber, was hier noch nach Jahrzehnten dankbar von mir vermerkt wird. Herr Luther richtete diesen Satz kurz vor einer Versetzung, die für mich keineswegs sicher war, an mich. Was für eine furchtbare Vorstellung, dass die Zeit arbeiten kann – und dann auch noch gegen mich! Mir wurde klar, dass auch die Zeit eine Energie ist, von ihr eine Macht ausgeht. Langsam dämmerte mir, dass das Leben so etwas wie ein Spiel sein könnte, dessen Timing wir nicht verstehen, man müsste zum richtigen Zeitpunkt am richtigen Ort sein – ohne Genaueres darüber zu wissen.

Konnte denn dann die Zeit auch für mich arbeiten? Gab es so etwas wie einen »Windfall Profit« auf der Zeitachse? Glückliche, gewinnbringende Momente? Mir fiel damals zum ersten Mal auf, dass die Menschen, die ich kannte – viele waren es noch nicht –, das Schicksal bemühten, wenn sie Niederlagen einzustecken hatten (Pech gehabt!). Doch wenn sie erfolgreich waren, stellten sie ihre Leistung, ihr Talent ins Schaufenster. Kaum jemand sagte dann, er hätte einfach nur Glück gehabt.

Ganz anders mein erster Fast-Schwiegervater: Er war ein Meister im Erzählen jüdischer Witze. Kommt eine Pointe zu früh: schlecht! Kommt sie zu spät: ganz schlecht! Und warum die lange Ouvertüre bis zur Pointe? »Nu, wenn die Gestapo in Auschwitz die Pointe noch nicht kannte, dann hat sie dich nicht erschossen.« Eine lange Hinführung konnte also das Leben verlängern... Minuten sind manchmal so kostbar.

Wir setzen uns immer ins Verhältnis zur Zeit. Ob ich mir die Zeit vertreibe, sie verliere oder sie mir (aktiv) wegrennt. Ob ich sie habe oder nicht, ob jemand oder etwas von zeitloser Schönheit ist oder »gestriges« Gedankengut von sich gibt. Wenn wir uns anderen gegenüber verständlich machen wollen, dann ist die Zeit ein ordnender Faktor. Schon die Märchen unserer Kindheit begannen mit »Es war einmal« oder »Es begab sich zu der Zeit«. Und endeten mit den Worten: »Und wenn sie nicht gestorben sind, dann leben sie noch heute.« Selbst diese fatalistische, ja, ironische Floskel unterliegt einer zeitlichen Einordnung.

Die Zeit ist unsere Chefin, unser Schatten, unsere Zerstörerin und manchmal auch unsere Freundin. Und am Ende, wenn sie über uns gesiegt hat, dann lässt sie uns sogar schweben, allerdings in Lebensgefahr.

6.

Meine Frau lässt kaum eine Gelegenheit aus festzustellen, dass wir beide in einem goldenen Slot leben, hineingeboren in das Paradies. Der Krieg war vorbei, Hitler und seine Schergen tot, der Wohlstand entwickelte sich von Jahr zu Jahr weiter, und der Soundtrack zu diesem unserem Lebensfilm kam von Janis Joplin und den Stones, von Jimi Hendrix und Grateful Dead.

Der Sex war wunderbar, Drogen überall zu haben, und die Zukunft schien sorgenfrei für immer. Ich war davon überzeugt, dass Männer nie wieder kurze Haare tragen, fortschrittliche und nachdenkliche Leute wie Willy Brandt, Olof Palme, Jimmy Carter oder Bruno Kreisky von nun an weltweit die Politik bestimmen und bürgerliche Liebesbeziehungen, in denen sexuelle Treue vorgesehen ist, der Vergangenheit angehören würden.

In dieser Zeitspanne schien mir das Wort Ziel überhaupt nicht existent zu sein. Zumindest nicht im Zusammenhang mit Karriere. Unsere Welt bestach durch die Abwesenheit von Zielen und Strategien. Vielleicht weil meine Generation verwöhnt war von den damaligen wirtschaftlichen Rahmenbedingungen. Es gab genug Jobs, jedes Jahr endete volkswirtschaftlich gesehen besser als das Vorjahr, die politischen Protagonisten der Weltmächte ließen eher den Willen zum Frieden erkennen als den Willen zu militärischen Auseinandersetzungen. Fantasien, Spinnereien, philosophischen Luftschlössern waren keine Grenzen gesetzt.

Ich habe meine Jugendzeit als eine optimistische Ära in Erinnerung. Optimistisch bis an die Grenze zur Naivität. Weltfrieden, Bekämpfung des Hungers, Abschaffung auch der friedlichen Nutzung der Atomenergie, Ernst Bloch wird Bundespräsident und Heinrich Böll Außenminister. Viele Fragen, die ich mir damals stellte, stelle ich mir heute dank Kafka und Shaw wieder. Zum Beispiel die nach einem ziellosen Leben. Wäre das nicht eine Alternative? Keine Strategie und kein Ziel ins Auge fassen zu müssen, das man in einem gewissen Zeitraum, mit einem gewissen Zeitaufwand erreichen möchte. Keine Erwartungen, weder an sich selbst noch an die Menschen, die einen umgeben.

Können wir ohne Ziel denken? Können wir ohne Ziel leben? Das hieße, auf die Zeit als dramaturgisches Mittel bei der Kommunikation, ja bereits beim Denken ganz zu verzichten.

Ich habe kürzlich nach einer Lesung in Bielefeld das benachbarte Bethel besucht. Als Vater einer behinderten Tochter ist es mir ein großes Anliegen, die dort ansässigen von Bodelschwinghschen Stiftungen zu unterstützen. Besonders am Herzen liegen mir Sterbehospize, auch und gerade solche für Kinder.

Mein Eindruck ist immer wieder, dass sich Kinder mit ihrem nahen Tod leichter abfinden als Erwachsene. Weil sie heute leben und vielleicht noch bis morgen denken. Mir berichtete einmal ein todkrankes Mädchen, dass sie nicht unglücklich sei, weil sie wisse, morgen werde sie noch nicht sterben. Und alles andere interessiere sie nicht. Warum erzähle ich das? Weil ich in meinen regelmäßigen Besuchen in Hospizen etwas erlebe, das mich an »meine« Siebziger erinnert: zum einen die große Behutsamkeit im Umgang miteinander, zum anderen der ausgeprägte Wunsch, im Jetzt zu leben. Sie mögen es als geschmacklos empfinden, aber die Hospize sind nahezu die letzten Orte, die mich an den guten Geist der Siebziger erinnern. Was nicht zuletzt daran liegt, dass mancher Alt-68er heute Gast im Hospiz ist und aus manchem Zimmer die Gitarre von Jimi Hendrix zu hören ist.

Ich bin so überaus dankbar, in einer Zeit aufgewachsen zu sein, als Mike Leckebusch bei Radio Bremen das Fernsehen neu erfand, an der FU Berlin, wo ich mein Studium der Geschichte und Philosophie 1977 startete, der Kapitalismus in nächtelangen Diskussionen hinterfragt wurde und George Harrison mit einem Konzert den Hunger in Bangladesch nachhaltig bekämpfen wollte. Der Versuch, die Welt besser zu machen, hatte meine Generation erfasst. Und genau diesen konsequenten Humanismus, den spüre ich heute noch vor allem in den Hospizen.

Wenn ich jedoch nach meinen regelmäßigen Besuchen dort wieder draußen vor der Tür stehe, dann ist die Wahrnehmung des heutigen Zeitgeistes entsetzlich. Angesichts des Todes wirken die Lautsprecher-Politiker unserer Zeit wie tragische Kasper (was sie meiner Meinung nach sind), die Karriereplaner und Erfolgsstrategen kommen mir vor wie lächerliche Marionetten ihrer materiellen Sehnsüchte.

In meiner Kindheit erlebte ich meinen geliebten Großvater, der im Ersten Weltkrieg durch einen Kopfschuss ein Auge verloren hatte, und einen Vater, der im Zweiten Weltkrieg ein Bein gelassen hatte. Schon in ganz jungen Jahren war es für mich normal, das Holzbein meines Vaters von der einen Ecke des Zimmers in die andere zu tragen und im Badezimmer meines Großvaters die Schatulle mit dem Glasauge liegen zu sehen. Beide Männer waren in einen Krieg gezogen, der ihnen ihre Jugendzeit genommen hatte. Über Traumata sprach man damals nicht, zum Therapeuten zu gehen schickte sich nicht.

Heute verstehe ich auch deshalb besser, warum ich mich damals mit Händen und Füßen der Bundeswehr entzog. Nach 14 Jahren Schule noch einmal 15 Monate Kaserne? Unvorstellbar. Mein Freiheitswille war so groß, dass ich mich in die psychiatrische Klinik Ochsenzoll in Hamburg einweisen ließ, um sicherzugehen, nicht zum Bund zu müssen. Jemand mit psychischen oder nervlichen Problemen sollte kein geladenes Gewehr halten dürfen. Felix Krull, eine der Hauptfiguren in Thomas Manns literarischem Werk, war im Vergleich zu mir ein Waisenknabe. Gott sei Dank gab es in Kassel einen Arzt, der Pazifist war und einem so ziemlich alles attestierte, was nicht kompatibel mit der Armee war. Der Philosoph Immanuel Kant, mit dem ich mich als Student einigermaßen sorgfältig befasst habe, vertritt die Auffassung, dass die drei Säulen im Leben eines Menschen Gott, Freiheit und Unsterblichkeit sind. Auf Gott und die Unsterblichkeit kommen wir später noch.

Mehr denn je bin ich mir heute darüber im Klaren, dass mein frühes Wissen um die Endlichkeit des Lebens, um die Begrenztheit des irdischen Daseins zu einem besonders stark ausgeprägten Freiheitsgefühl und Freiheitsbedürfnis geführt hat, was alle anderen Wünsche zweitrangig werden ließ. Ich bin keiner, der bleibt, eher einer, der springt, immer wieder Richtung Freiheit. Ja, ich würde sogar so weit gehen und sagen, dass ich mich, sobald ich mich frei fühle, gleichzeitig unsterblich fühle. Mich beherrscht dann dieses Bild, dass ich ohnedies nicht mehr bin als der Verwalter eines freien Geistes, der nach meinem Tod weiter existiert, um sich dann einen neuen Verwalter zu suchen. Ihnen gefällt das Bild vom Verwalter nicht so gut? Vielleicht können Sie es durch ein für Sie passenderes ersetzen...

Heimat ist da,
wo ich nicht sein
möchte

7.

Kassel, meine Geburtsstadt, wurde im Jahr 913 erstmals urkundlich erwähnt. Vermutlich wurde sie schon viel früher gegründet, diese stolze Stadt, die die Wunden des Zweiten Weltkriegs zu kaschieren suchte, als sie 1955 die weltbekannte Kunstausstellung, die documenta, ins Leben rief. Nur die entsprechenden Urkunden haben nicht überlebt. 913, diese Zahl hat sich mir ins Gedächtnis eingebrannt.

Bereits als Kind wünschte ich mir Bücher über die Geschichte Kassels, später über die Geschichte Hessens. Ich glaube, ich wollte mir die Stadt und ihre Historie erarbeiten. Wenn schon das Elternhaus, in das ich hineingeboren wurde, nicht frei von Erschütterungen blieb, dann sollte zumindest meine Geburtsstadt eine feste und vor allen Dingen stabile Größe in meinem Leben werden. Das erste Referat, das ich jemals hielt, war im Fach Heimatkunde. Ich war acht Jahre alt. Gegenstand der Arbeit war ein altes Gebäude im Stadtteil Wahlershausen. Ich stand stundenlang vor diesem Haus aus dem 19. Jahrhundert und stellte mir vor, wie dort das Leben vor 150 Jahren gewesen sein mochte. Es gelang mir, meiner Fantasie setzte ich keine Grenzen. Zunächst dachte ich an die Geräusche, das Fehlen der Motoren, stattdessen an das Geklapper der Hufe, das Wiehern der Pferde, das Gegacker der Hühner. Dann an die Sprache, die man damals gesprochen haben mochte, eingefärbt durch die nordhessische Mundart. Wie hatte es wohl gerochen? Überall die Fäkalien von Menschen und Tieren. Körperpflege war noch nicht gängig, der Gestank muss fürchterlich gewesen sein.

Meine Frau amüsiert sich häufig darüber, wie eng mein Verhältnis zu Kassel noch heute ist. »Du fährst dort immer wieder hin, um dich deiner selbst zu vergewissern«, sagt sie. Stimmt.

Wahr ist allerdings auch, dass ich die Stadt verließ, als ich 20 Jahre alt war, seitdem dort keinen Wohnsitz mehr habe und auch keinen mehr haben will. Dort, wo ich seitdem gelebt habe – Berlin, Düsseldorf, München und Hamburg –, fühle ich mich zu Hause, aber nicht in der Heimat. Und da, wo meine Heimat ist, will ich nicht sein. Meine Heimat ist für mich wie eine Affäre: Man trifft sich gelegentlich, möchte aber nicht den Alltag zusammen verbringen. Warum eigentlich nicht?

Habe ich die Sorge, dass man in der Heimat die Entwicklung durchmacht, den der Begriff »Heimat« in der Geschichte der deutschen Sprache selbst erleben musste? Dieses Wort hatte bis zur Mitte des 19. Jahrhunderts eine sachliche Wirkung. Es hatte Eingang gefunden in das Vokabular von Juristen und Notaren und beschrieb nüchtern die Herkunft einer Person. Irgendwann wurde es gefährlich, weil emotional aufgeladen. So war von Heimaterde die Rede, von Vaterland und Muttersprache. Das Wort setzte Fett an, verhausschweinte, wurde sentimental, idyllisch und entsetzlich bequem. Das aber wollte ich um keinen Preis sein. Mein Leben sollte kein Heimatfilm werden. Im Gegenteil: Bei jedem Kinobesuch als Junge in Kassel freute ich mich auf den Werbeblock: »Der Duft der großen weiten Welt. Peter Stuyvesant.« Mein Lieblingsspot.

Ich wollte raus, immer, sog alles auf, was mich inspirierte, blockte alles ab, was mich wieder hätte zurückwerfen können. Ich verschlang Reiseliteratur und saß nächtelang vorm Globus, den mir mein Großvater geschenkt hatte. Ich las Biografien von Künstlern (Malern, Schauspielern, Komponisten), weil mich unbürgerliche Berufe interessierten, auf keinen Fall eben sichere Berufe mit einer verlässlichen Perspektive. Es hätte mir die Luft zum Atmen genommen, wäre ich in diese Richtung aufgebrochen.

Und als ich das erste Mal Rod Stewart, Janis Joplin und Otis Redding hörte, spürte ich den musikalischen Rückenwind, den ich zum Jungsein und für meinen Aufbruch dringend herbeisehnte. Deshalb war ich dankbar, als mir »Die Zeit« vor gar nicht so langer Zeit die Möglichkeit einräumte, einen Liebesbrief zu schreiben, an wen auch immer. Ich entschied mich für ... Rod Stewart, besser: für seine Musik.

»DU HAST MEIN LEBEN GERETTET«

Lieber Rod Stewart,
als ich den ersten Hal-Ashby-Film sah, wusste ich, dass
ich Filme machen wollte. Als ich das erste Mal Gottschalk
beziehungsweise Letterman auf dem Bildschirm sah,
begann ich mich für Entertainment zu interessieren. Aber
dass Kunst für mich wirklich alles veränderte, geschah nur
einmal. Viele Jahre zuvor.
Ich war 15 Jahre alt, als ich Deine Stimme zum ersten Mal
im Radio hörte. Der Song war Maggie May vom Album
Every Picture Tells a Story. Ich begriff mit einem Mal, dass

da draußen, jenseits der Kasseler Stadtgrenzen, eine Welt war, die zu erobern sich lohnte, die vielleicht sogar auf mich wartete. Ich, ein Junge, aufgewachsen ohne Vater, ohne Geld, in einer Stadt, die ich als eng empfand, hörte eine Stimme, die enthusiastisch war, nicht angepasst. Auf A Spanner in the Works, Deiner Platte von 1995, gibt es den Song Muddy, Sam and Otis, eine Hommage an Muddy Waters, Sam Cooke und Otis Redding. »Heard it on the radio on a cold December night, it came burning down the air waves like a Savior's shining light, all the way from the U.S.A., across the Atlantic far away the magic came.« Du weißt also selbst, wie es mir damals in Kassel erging. Dir ging es wohl im grauen London der frühen Sechzigerjahre ähnlich. Du machtest mir Mut. Inzwischen habe ich jede LP, jede CD von Dir gekauft außer dem unerträglichen Christmas-Album, sieh es mir bitte nach. (Ich habe Dir dafür die American Songbook-CDs verziehen, selbst wenn Du damit zum Sinatra der Neuzeit geworden bist.) Aber mein wirklicher Rod Stewart ist der frühe Rod Stewart. Als Du noch Sänger bei den Faces warst und zuverlässig jedes Konzert in einem Saufgelage und/oder einer Prügelei endete. Die Faces gaben so mancher späteren Punkband eine gewisse Orientierung.

Edgar Selge, der im Hamburger Schauspielhaus in Michel Houellebecqs Unterwerfung brilliert, wurde kürzlich gefragt, ob er den Autor gern einmal kennenlernen würde. Er erwiderte sinngemäß, dass das eigentlich nicht nötig sei, er kenne ihn ja schon durch sein Werk. Mir geht es mit Dir ähnlich. Was sollte ich Dir auch sagen? Nun gut, Du könntest mir ein Bier ausgeben. Immerhin habe ich ja ein

Ohne Rockmusik wäre ich verkümmert. Sie hat mir geholfen, mir meine Jugend zu erarbeiten und die erzkonservative Stickigkeit meines Vaters aus den Klamotten zu kriegen. Die ganzen K(ommunistischen)-Gruppen kamen als Beifang dazu. Sie waren mir zwar inhaltlich fremd (weil sehr autoritär), aber die Atmosphäre da war cool und die Mädchen besser drauf.

Eine von ihnen schleppte mich zu Rudi Dutschke, der am 20. Mai 1976 in Kassel eine Rede hielt. Ich hing an seinen Lippen. Nur so erklärt es sich, dass ich mir einen Satz von ihm notierte, hinten in Heinrich Bölls »Irisches Tagebuch«, das ich damals las: »Man muss es lernen, konkrete Wahrheit zum Prinzip zu erheben.« Heute denke ich: Protestantischer geht's kaum. Kassel, eine gelungene Mischung aus Sozialdemokratie und evangelischer Kirche, das formt. Die sogenannte Reichskristallnacht fand dort schon etwas früher statt. Vorauseilender Gehorsam.

Es lohnt sich, diesen Punkt unmissverständlich hervorzuheben: Wenn Sie herausfinden wollen, ob ein 1928 zufällig ausgewählter Deutscher in den folgenden Jahren Hitler wählte, werden Sie kaum etwas erreichen, wenn Sie fragen, ob er arm oder reich, aus der Stadt oder vom Land,

Reinhold Beckmann wiederum ist in einer katholischen Enklave nahe Bremen groß geworden. Das formt ebenfalls. Und Reinhold, mein Jahrgang, Katholik eben, macht nun auch Musik, und das nicht schlecht. Mein Lieblingslied von ihm heißt »Bremen«. Ein melancholischer Rückblick auf die ersten wilden Nächte, die erste große Liebe, den ersten Rausch. Rod Stewart hat zu diesem Thema übrigens gleich mehrere Songs im Angebot. Ich erinnere an »Brighton Beach« und »Cold Old London«.

8. Nach dem Abitur wollte ich in Berlin, einerseits eine eingeschlossene Stadt, andererseits ein energiegeladenes Kraftpaket, Geschichte und Philosophie studieren. Weil das die einzigen Fächer waren, die mich in der Schule wirklich interessiert hatten und in denen ich also auch gut gewesen war. Und ich wollte Lob von den Professoren, denn das hatte ich von den Lehrern meiner Schule nie oder zumindest selten bekommen. Ich brauchte unbedingt seelischen Rückenwind. Mein Gedanke war, mir erst mal ein Fundament an Allgemeinwissen zu schaffen, um danach vielleicht Regieassistent am Theater zu werden oder doch auf eine Filmhochschule zu gehen, sofern ich aufgenommen werde.

Mein Interesse an Geschichte rührt aus den Gesprächen mit Herman Balkenhol, aus seinem Unterricht. Er war mein Lehrer für Deutsch und Geschichte auf dem Gymnasium. Arbeiterkind aus Wuppertal, SPD-Mitglied, linker Flügel, Gitanes-Raucher. An dem Mann stimmte alles, vor allen Dingen aus der Perspektive eines Schülers, der ohne Vater aufwachsen musste.

Dieser wunderbare Studienrat hatte große Sympathien für mich, weil er in mir einen Jungen sah, der sich für Literatur und Geschichte interessierte, zu Hause kein Geld hatte – ganz frei von Klassenkampf war er nicht – und mir mit Recht attestierte, dass ich alle Voraussetzungen zum Antifaschisten mitbrachte. Eines Tages haute er temperamentvoll seine Gitanes-Packung auf den Tisch und sagte zu mir verschwörerisch und durchaus bestimmt: »Studiere Geschichte, Meyer-Burckhardt, und trage auf diese Weise ein wenig dazu bei, dass Auschwitz nie wieder passiert!«

Das war ein Befehl, den ich gern befolgte. Und dazu notierte ich damals aus Martin Walsers »Ein fliehendes Pferd«: »Je tiefer der Lehrer in der Vergangenheit versinkt, desto höher wird in den Schülern die Andacht steigen.«

Ich führte nie Tagebuch. Wohl aber schreibe ich seit meinem 16. Lebensjahr Zitate in ein kleines, schwarzes Buch. Sie werden es schon bemerkt haben, ich mag Gedichte, also verdichtete Sprache, Erkenntnisse anderer zu einem Thema, über das ich sagen kann: Sehe ich genauso, bin aber nicht draufgekommen, es so zu formulieren. Ich halte inne. Was predigte mir Herman Balkenhol immer wieder? Und hier noch ein Zitat von Walser aus »Ein fliehendes

Pferd«: »Der Mensch ist zweifellos ein Fehler der Natur, aber der Kleinbürger ist die Erhebung des Fehlers zum Programm.« Das ist eine weitere Quelle meiner Sucht, meiner Sehnsucht. Raus, raus, nur raus aus der Enge, dem Mief – und weit weg. So weit es geht. Bauer sein, ja. Arbeiter, gern. Aber nicht in der Provinz in der Bedeutung enden... Ich sage bewusst nicht: in der Bedeutungslosigkeit.

Gleichwohl brachte meine eigentliche Sehnsucht, neben der nach einer Fernfahrerexistenz, Willie Nelson glänzend musikalisch auf den Punkt: »My Heroes Have Always Been Cowboys«. Nun ja, Cowboys entsprechen heute nicht mehr dem Zeitgeist. Im Repertoire junger Männer rangiert dieser Job auf den hinteren Plätzen, ist quasi aus der Heavy Rotation, wie es bei Hörfunk und Fernsehen heißt, rausgefallen.

Im Grunde ist der Cowboy das Opfer einer Rückrufaktion durch den Zeitgeist geworden. Schaue ich in meinem »Etymologischen Wörterbuch« nach, steht unter Zeitgeist schlicht »2. Hälfte des 18. Jh. Herder«. Punkt. Und in der Tat hat der Dichter, Theologe und Philosoph Johann Gottfried Herder den Begriff wohl erstmalig verwendet, und zwar kritisch. Menschen würden sich ihm unterwerfen, er, der Zeitgeist, würde das eigene freie Denken behindern. Johann Wolfgang von Goethe präzisiert: »Wenn eine Seite nun besonders hervortritt, sich der Menge bemächtigt und in dem Grade triumphiert, dass die entgegengesetzte sich in die Enge zurückziehen und für den Augenblick im Stillen verbergen muss, so nennt man jenes Übergewicht, den Zeitgeist, der denn auch eine Zeitlang sein Wesen treibt.«

Eben dieser Zeitgeist sieht vor, dass Cowboys im Moment keine Chance haben. Der Western ist mausetot, sieht man von Filmen wie »Heaven's Gate«, »Der mit dem Wolf tanzt« und »Brokeback Mountain« ab. Eigentlich schwer verständlich, denn Cowboys haben keinen Besitz, stehen nicht dauernd unter der Dusche und kümmern sich – im Idealfall – um eine nachhaltige Bewirtschaftung von Fauna und Flora. Im Grunde genommen doch recht zeitgemäß, oder?

Als ich Kassel verließ – gleich nach dem Abitur ging es Richtung Westberlin –, hatte ich nur kleines Gepäck. Das war meinem engen finanziellen Spielraum geschuldet, darüber hinaus passte in meinen gebrauchten Peugeot 204 auch nicht viel rein. Viele Bücher, viele Jeans, viele Hoffnungen, viele Tränen. Sosehr ich auch rauswollte aus Kassel, so traurig war ich zugleich, weil diese Zeit vorbei war. Denn ich spürte bereits damals, im September 1977 auf der Autobahn zwischen Kassel und Berlin: Ich würde nie mehr zurückkehren.

Erst einmal weinte ich also bitterlich in meinem Peugeot. Noch heute, wenn ich auf der A7 Richtung Norden fahre, erinnere ich mich an dieses bohrende Gefühl der Ungewissheit und Einsamkeit von damals. Ja, die Jobs lagen zwar auf der Straße, und dementsprechend ausgeprägt war mein Optimismus, gleichzeitig bezog ich aber nur BAföG. Ein paar Hundert Mark hatte meine Mutter mir zwar noch zugesteckt. Das war's dann aber.

Meine Haltung zu den Dingen, zu Besitz hat sich nie verändert. Ich genieße es, finanziell einigermaßen unabhängig zu sein, und dennoch ist mir Eigentum, vor allem die »Im-Mobilie« unheimlich und fremd. Ich bin kein Schollenmensch, brauche keine geografische Heimat, bin gern unterwegs. Meine Heimat ist die Sehnsucht. »Schön ist es auch anderswo, und hier bin ich sowieso«, reimte Wilhelm Busch und sprach mir aus der Seele.

Als ich in den Siebzigern in Kassel das Kino entdeckte, war ich gerettet, hatte Hoffnung. Und als ich dann auch noch Filme über Rockmusik zu sehen bekam, war ich im Paradies. »The Last Waltz«, das schon erwähnte »Concert For Bangladesh« und vor allen Dingen »Woodstock«. Ob Richie Havens, Ten Years After, Sly & the Family Stone oder Janis Joplin. Diese ungezügelte Leidenschaft, die dieser Film durch die Künstler transportierte, dazu »make love not war«, das ergab eine Sauerstoffinjektion, die – so stark wie ein Atompilz – damals mein Kasseler Kino erreichte. Und nicht zu vergessen: Joe Cockers »With A Little Help From My Friends«.

Ich habe im Kino geweint und gelacht und mitgesungen. Ein Höhepunkt in einer der über 400 von mir moderierten »NDR Talk Shows« war dann auch der Auftritt von Cocker. »Once I had a bass player, his name was Hubi...«, erzählte er mir in Anspielung auf meinen Vornamen während der Proben. Er war so überaus freundlich, höflich. Und das, obwohl er von Prag nach Hamburg über den Umweg Frankfurt fliegen musste, weil die Direktverbindung gestrichen worden war. Seine Band war längst im Studio, als er eintraf. Keine Allüren, ein guter Humor, daran kann ich mich erinnern. Kurz: Ich werde das Gespräch mit diesem Ausnahmesänger, diesem Rocker, dessen Karriere in Woodstock begann, nie vergessen.

Ich war mein Leben lang Freiberufler, schon in analogen Zeiten ein digitaler Nomade. Mein Freiheitsgefühl und meine tief sitzende Skepsis gegenüber Besitz machen es mir leicht, mich in die junge Generation einzufügen: Ich mag Tauschbörsen, fahre mit car2go und Moja und schreibe diese Zeilen im Coworkingspace »We Work«. Ich nutze die Dinge, wenn ich sie brauche. Ich beanspruche etwas zeitlich befristet, statt es zu besitzen. Klingt alles schon ein wenig nach Affäre.

Doris Dörrie sagt, sie sei in der Fremde zu Hause, Marcel Reich-Ranicki in der deutschen Sprache. Ich indes fühle mich überall zu Hause, wo ein literarischer Buchladen ist, eine vernünftige Trattoria und ein Flughafen oder zumindest ein ICE-Bahnhof. Der Mensch braucht schließlich einen Notausgang, wenn er so gestrickt ist wie ich. Es gibt immer eine (gedankliche) Alternative zum Ist, immer einen Plan B. Checke ich in einem Hotel ein, überprüfe ich zuerst, ob der Notausgang in der Nähe ist und nicht irgendwie verstellt oder gar abgeschlossen (alles schon erlebt). Und wenn du den nehmen musst, dann hast du besser nur wenig Gepäck dabei. Dass ich heute dank meiner Frau etwas sesshafter geworden bin, ist für mich ein großes Geschenk, das ich mit ungläubigem Staunen annehme.

Wenn ich nach Hause komme, will ich nicht mehr weg. Und falls ich wegwill, dann zusammen mit ihr.

9.

Sobald ich auf Lesereise bin, habe ich immer die Illusion der Unverwundbarkeit. Ein Buch, eine Zahnbürste, die Reisetasche... Wunderbar. Ein Ein-Mann-Zirkus auf Tournee. Ich fahre immer noch gern auf eine Autobahn auf und ungern von einer Autobahn ab.

Freilich weiß ich, dass das Bild von der viel beschworenen Entertainmentfamilie Quatsch ist, aber ich empfinde mich doch in der Tradition dieser virtuellen Gemeinschaft, wenn ich »on the road« bin. Giovanni di Lorenzo wurde kürzlich anlässlich eines Films über mich gefragt, was mich denn als Mensch so ausmache. Sinngemäß erwiderte er, dass ich mich unter Schauspielern, Künstlern und so weiter am wohlsten fühle, inmitten des fahrenden Gewerbes sozusagen. Da hat er recht. Und so bin ich besonders glücklich, wenn derer, die uns vorausgegangen sind, gedacht wird, wenn sie dem Vergessen entrissen werden. Wir in Deutschland haben nicht dieses emotionale Verhältnis zum Entertainment und seinen Protagonisten wie etwa die Engländer oder die Amerikaner. In Berlin, der Hauptstadt der deutschen Unterhaltung, gibt es noch einige solcher Orte, wo dem Entertainment Respekt entgegengebracht wird.

Das Ellington Hotel Berlin zum Beispiel atmet die Tradition des Berliner Unterhaltungsbetriebs der Zwanziger- und frühen Dreißigerjahre sowie auch der Fünfziger- und

Sechzigerjahre, wie der Werbefolder des Hotels erzählt: »Hier spielten Louis Armstrong, Ella Fitzgerald und Duke Ellington in der legendären ›Badewanne‹, feierten David Bowie, Romy Haag und Lou Reed im nicht minder legendären ›Dschungel‹, und alte Ufa-Helden und spätere Fernsehstars wie Günter Pfitzmann und Edith Hancke standen auf der Bühne des ›Berliner-Theaters‹ ...« Man sieht, geht man die Nürnberger Straße entlang, nicht mehr besonders viel davon. Die etwas abweisende Fassade, entworfen von den Architekten Bielenberg und Moser, steht unter Denkmalschutz; man spürt den stilprägenden Einfluss von Erich Mendelsohn, dem wichtigsten Architekten seiner Zeit.

Die Innenwände des Hotels freilich sind dicht behängt mit den Fotos der Musiker, die dort aufgetreten sind, vor der Hitler-Barbarei und dann wieder nach dem Zweiten Weltkrieg. Diesen Künstlern, Autoren, Tänzern fühle ich mich verpflichtet – egal, ob sie erfolgreich waren oder nicht, ob mir ihre Darbietungen gefallen hätten oder nicht. Schaue ich mir diese Fotos Quadratzentimeter für Quadratzentimeter an, dann reise ich zurück in diese Zeit, fast mühelos.

Ich habe, glaube ich, ein Talent für solche Zeitreisen in die Vergangenheit. Vielleicht liegt diese Fähigkeit, mich in Geschichte hineinzuversetzen, bei mir in den Genen. Mein Großvater Hugo beispielsweise war niemals in seinem Leben in Frankreich. Gleichwohl konnte er den Grundriss einer Burg nachzeichnen, die nunmehr seit 300 Jahren verfallen ist. Er tat das immer wieder, beispielsweise während er telefonierte. Als meine Mutter einmal in die betreffende

Gegend fuhr, mein Großvater war da bereits verstorben, zeigte sie einem zufällig dort anwesenden Mann, der sich als ein Mitglied des Heimatvereins vor Ort herausstellte, diesen Grundriss. Der Mann wurde blass, es verschlug ihm die Sprache, denn mein Großvater hatte einen unterirdischen Gang mit eingezeichnet, der zwei Jahrhunderte lang gar nicht bekannt war, den man sozusagen vergessen hatte und der erst wenige Monate bevor meine Mutter dort hinkam, wiederentdeckt worden war. Also lange nach seinem Tod! Hatte er also schon einmal dort gelebt? Dieser eher nüchterne, aber sehr liebevolle Mann, dem alles, was sich nicht beweisen ließ, fremd und unangenehm war, gab im allerengsten Familienkreis durchaus zu, dass er sich das schon vorstellen könne, er es nicht ausschließe.

Ich selbst kann mir meine Faszination für die Literatur des Mittelalters ebenfalls nicht rational erklären. Als Schüler schon las ich Einhard, den fränkischen Gelehrten, sowie Hartmann von Aue, Heinrich von Morungen, Walther von der Vogelweide und Neidhart von Reuenthal, von dem die Worte stammen: »Auf Erden lebt niemand ohne Sünden. Ja, es wird je länger desto schlimmer in der Christenheit.«

Und ja, ich kann mir sehr konkret vorstellen, dass ich mal Konrad von Würzburg getroffen habe, den fahrenden Sänger und Lyriker aus dem Mittelalter. Seine Verserzählung »Der Welten Lohn«, um 1260 verfasst, erzählt die Geschichte eines Ritters, eines Edelmanns, der nach Ruhm und Anerkennung strebt. Er trifft auf Frau Welt, eine mittelalterliche Personifizierung weltlicher Sinnesfreuden, ihr Rücken ist jedoch voller Eiterblasen und Ungeziefer. Sie steht für Verführung und Vergänglichkeit. Dem Ritter zeigt sie ihren unansehnlichen Rücken, worauf der erkennt, dass sein Streben lächerlich und sinnlos ist. Er wendet sich dem Christentum zu, wird sogar ein sogenannter christlicher Soldat. Konrad von Würzburg liegt im Basler Münster begraben, wenn sie mal in der Nähe sind, besuchen Sie ihn doch.

10. Da, wo alles flüchtig ist, empfinde ich Verwurzelung. Ich könnte also in Parfümerien mit exklusiven Nischendüften durchaus mein Leben verbringen. Düfte verfliegen, drängen sich nicht auf, wenn sie gut sind. Ich leide regelrecht darunter, dass viele Menschen gleich riechen, nach Produkten, deren Werbung meist so austauschbar ist wie der Geruch selbst. Gute Düfte sind Geschichte, sie und die Gegenwart reichen in die Zukunft.

Ein Beispiel? 1856 gründete der Klavierbauer Joachim Friedrich Schwarzlose den Drogeriehandel J. F. Schwarzlose Söhne, alsbald startete dort die Parfümproduktion. 1900 wurde die Firma Hoflieferant, 1976 aufgegeben und 2012 wiederbelebt. Ihr berühmtester Duft heißt »Treffpunkt 8 Uhr«, ein anderer nennt sich »Zeitgeist«. Voilà. Josephine Baker war übrigens ein Fan von »Treffpunkt 8 Uhr«, der für die legendären Nächte der damaligen Zeit steht. Das Ellington Hotel Berlin lässt grüßen. Manchmal sind Parfüms klassisch, manchmal unterliegen sie der Mode, der du laut Karl Lagerfeld nicht entkommst: »Denn auch wenn Mode aus der Mode kommt, ist das schon wieder Mode.«

Ich habe mir kürzlich »1920« von Tous gekauft, ein Duft, hinter dem die in Grenoble geborene Daphné Bugey steckt. Sie wollte Parfümeurin werden, seitdem sie mit ihren Eltern im Alter von zwölf Jahren in Grasse war. Warum ich Ihnen von ihr erzähle? Sie sagt über ihren Beruf mit den Düften: »It's a bit like learning to communicate, you learn thousands of words and expressions, but you only use a few of them when you need to express a feeling. You always need to refer to your memory ... and at the end of the day you never know« (»The Scent Of Love« at East & West). Wenn du also lernst zu sprechen, zu kommunizieren, dann schaffst du dir Tausende Worte und Formulierungen drauf, von denen du aber nur ganz wenige verwendest, um einem Gefühl Ausdruck zu verleihen. Und bis zum Ende weißt du nicht, was dabei herauskommt. »1920«, wahrscheinlich habe ich auch deshalb nicht widerstehen können, weil mich der Name dieses Parfüms an das Geburtsjahr meiner Mutter erinnert: 1921.

Mein Interesse für Geschichte generell und das von Parfüms im Spezifischen war immer da, konkretisierte sich aber durch zwei Erlebnisse. Ich trampte nach meinem Abitur ziemlich häufig, unter anderem auch durch Südfrankreich. Eines Tages lernte ich eine Frau aus dem Elsass kennen, aus Colmar, die unwiderstehlich roch – nach einer Mischung aus orientalischem Markt und Salzwasser. Auf meine Frage, wonach sie denn dufte, antwortete sie, sie habe versucht, ein Parfüm nachzuempfinden (indem sie andere Düfte mischte), das es nach ihrem Kenntnisstand leider nicht mehr gebe: »Eight & Bob«. Dieser Duft wiederum ging auf eine Begegnung im Jahr 1937 zurück, bei der wohl zufällig der junge John F. Kennedy, damals noch Student, auf Albert Fouquet traf, einen französischen Aristokraten und leidenschaftlichen Entwickler von Parfüms für den eigenen Gebrauch. Und obwohl sich Fouquet wohl weigerte, seine Kreationen zu vermarkten, konnte Kennedy ihn überreden, ihm einige Flakons in die USA zu schicken, und zwar »acht an der Zahl und einen für Bob«, seinen Bruder Robert. Deshalb auch der Name des Parfüms. Albert Fouquet starb 1939 durch einen Autounfall, und sein Wissen ging verloren. Für einige Monate setzte ein Butler namens Philippe die Arbeit noch fort, indem er schlicht die Aufträge abarbeitete. Die letzten Flacons – mittlerweile war der Zweite Weltkrieg ausgebrochen – versteckte er in aufgeschnittenen Büchern und schleuste sie so an den Nazis vorbei in die USA.

Was mich fasziniert, ist die Begegnung von Fouquet und Kennedy: eines Aristokraten und eines jungen Studenten aus Harvard. Der eine stirbt bald, der andere wird eines Tages amerikanischer Präsident. Das Parfüm kommt in die USA und wird viel später ein begehrter Duft, auch in Hollywood. Die Zeit übernimmt oft die Regie, sie ordnet Menschen und Ereignisse so, dass Sternstunden entstehen.

Der Duft ist ein Film, ein Abenteuer, ein kostbarer Moment, also meine Heimat, ja die Essenz meines Heimatbegriffs.

Dabei spielen wir ohne Zögern mit dem Verbot, dem Übertreten von Konventionen. Oder kennen Sie einen Duft, der »Mariage Heureux« – glückliche Ehe – heißt? »L'interdit« ist so ein Klassiker der Düfte. Entworfen von Hubert de Givenchy für Audrey Hepburn, eine Ikone ihrer Zeit, Weltstar und im Nebenberuf sozusagen die Muse des Meisters. Und diese Muse namens Audrey war nicht amüsiert, als sie erfuhr, dass ein Duft, zu dem sie den Meister wohl inspiriert hatte, nicht exklusiv für sie gedacht war, sondern für den Markt, den Weltmarkt. »Je vous l'interdis!«, soll sie gerufen haben. »Das verbiete ich dir!« Das machst du nur auf eigene Gefahr, würde ich diese Drohung im Geist unserer Zeit ironisch verlängern. Hubert de Givenchy hat sich nicht abschrecken lassen.

Gott sei Dank. Übrigens erzählte mir neulich eine erfahrene und kompetente Verkäuferin meiner Lieblingsparfümerie in Hamburg, dass die Kunden immer weniger Zeit brauchen, um ihren Duft zu finden. Sie schlendern nicht mehr herum und wollen kaum noch beraten werden, kurz: Der Kauf eines Duftes ist kein Ritual mehr, was wohl einmal so war – schenkt man der Dame Glauben. Das wiederum heißt für mich, dass sich viele Käuferinnen und Käufer von der Werbung der Massenhersteller sagen lassen, was ihre Heimat ist. Der Triumph des Marketings über die eigene Entscheidung, welche Fantasie ich leben möchte, wo ich mir selbst Heimat gebe. Schade. Meine Sammlung seltener Nischendüfte aus kleinen, inhabergeführten Manufakturen ist imposant, ich habe so viele Düfte, dass ich vermutlich 120 Jahre alt werden müsste, um sie alle aufzubrauchen. Deshalb habe ich beschlossen, sie nach meinem Tod an die Hinterbliebenen zu verteilen. Es wird bei meinem letzten Gang auf dem Friedhof gut riechen.

Der flüchtige Flößer

11.

Drei Träume befinden sich in meinem Repertoire. Wie Inszenierungen im Stadttheater werden sie seit meiner Jugend von Zeit zu Zeit immer wieder aufgeführt.

Traum 1: Ich bestehe als Einziger das Abitur nicht. Eine anständige berufliche Zukunftsperspektive bleibt mir damit verschlossen. Die anderen feiern, ich bleibe draußen.

Traum 2: Mein Vater befiehlt mir, einen Kräutergarten anzulegen, es wächst aber nichts. Immer wieder schaue ich nach dem Rechten, gieße, dünge, hege und pflege. Umsonst. Nichts wächst.

Traum 3: Ich habe mich zu einem Tourenwagenrennen angemeldet und merke zu spät, dass ich in einer Motorenklasse starte, die zu stark für mich ist. Ich fahre also hinterher. Runde um Runde.

Den drei Geschichten gemeinsam ist die Erkenntnis, es zu nichts zu bringen – trotz erheblicher Anstrengung. Hinter solchen Träumen klemmt ein Mindset, das sich auf zweierlei Art überwinden lässt: mit einer Therapie oder mit sich möglichst schnell einstellenden Erfolgen. Ich habe mich damals für den letztgenannten Weg entschieden. Als Kind liebte ich Autos mit Fernsteuerung. So dirigierte ich mich durch den Kapitalismus. Wie ein Kind sein ferngesteuertes Auto, ein Puppenspieler seine Handpuppe.

Was das macht? Bisweilen eine schmunzelnde Distanz zu sich selbst, hart erarbeitet, gleichwohl Stress. Der pure Stress. Der wölbt sich wie eine dicke Wolke über jede Mühe, die Sie sich geben, über jede Anstrengung, der Sie sich aussetzen. Lässigkeit war mein Ziel, davon war ich damals Lichtjahre entfernt.

Was ist Stress? In etwas gut zu sein, was man nicht mag? Kann sein. Mein Erfolg hatte etwas mit der Existenzangst zu tun, die mich beherrschte. Mit dem Wunsch, eine Familie ernähren zu können. Mit der Erkenntnis, dass jede Chance nur einmal durch die Tür kommt. Ein Freund, der sich um mich sorgte, machte mich damals auf den amerikanischen Physiologen Walter Bradford Cannon aufmerksam. Cannon, Sohn eines Eisenbahners, erfand den Begriff »fight-or-flight-response«. Dem zugrunde liegt eine Untersuchung über das Gehirn in Momenten existenzieller Gefahr. Ein sich sehr schnelles Einstellen auf eine bedrohliche Situation ist Stress, hier also – sehr vereinfacht wiedergegeben – das Überleben im Kampf oder die sofortige Flucht vor der Herausforderung, der Gefahr.

Manchmal hatte ich den Eindruck, ich reiste wie ein Legionär von Einsatzgebiet zu Einsatzgebiet. Das waren teilweise 240 Flüge im Jahr, ein strammes Programm, nichts allerdings gegen die Rolling Stones, die, während ich dies hier schreibe, ihre USA-Tournee fortsetzen, nachdem Mick Jagger wohl wieder auf dem Damm ist. Darüber freue ich mich sehr. Lebt Mick, lebe ich. Solange diese Band spielt, geht mir der Atem nicht aus.

12.

Zwischen 1977 und 1993 wechselte ich achtmal die Stadt. Studiert habe ich in Berlin, Hamburg und München, gearbeitet in Düsseldorf, München, wieder Düsseldorf, dann Hamburg. Von dort pendelnd erst nach Berlin, schließlich nach München.

Nach dem Geschichtsstudium in Berlin und Hamburg besuchte ich die Hochschule für Fernsehen und Film in München, anschließend ging ich direkt zu einer Werbeagentur. Ich wollte möglichst viele Filme machen und vor allen Dingen im Ausland drehen. Ich wollte Routine kriegen. Was bietet sich da besser an als eine international operierende Werbeagentur? Werbespots, 30 Sekunden lang – ich habe es geliebt, in dieser knappen Zeit eine Geschichte zu erzählen.

Ich war glücklich, gutes Geld verdienen zu dürfen. Ich konnte plötzlich meine Mutter unterstützen, ihr noch ein paar Städte zeigen, in denen sie nie war. Paris, London. Sie hatte noch nie zuvor ein Flugzeug betreten. Das gute Geld im Portemonnaie war auch Schmerzensgeld. Der Erfolgsdruck war enorm, die Rastlosigkeit Teil der Verabredung. Irgendwann ging ich in Richtung Langfilm, zunächst zur Neuen Deutschen Filmgesellschaft, dann zur Studio Hamburg Gruppe. Ich begann, Fernsehspiele zu produzieren, TV-Movies, Serien. Drei Monologfilme, mit jeweils nur einem Schauspieler oder einer Schauspielerin und der Kamera. Mit dabei waren Hannelore Elsner, Ben Becker und Franka Potente, als Drehbuchautoren Bodo Kirchhoff, Charles Lewinsky und Roger Willemsen. Wir fassten schwierige Stoffe an, schwierig zu finanzieren, schwierig, in ein Drehbuch zu gießen, schwierig, ein größeres Publikum für sie zu gewinnen. Als Produzent war ich in meinem Element, ich habe diesen Beruf wirklich geliebt, habe gern der Akzente Film & Fernsehproduktion und der Polyphon als Geschäftsführer vorgestanden. Und doch kam immer wieder das Gefühl auf: Du bist nicht gut genug. Du genügst nicht. Das könnten andere besser machen. Eines Tages wirst du als Nichtskönner durchschaut sein und vom Hof gejagt werden.

Genau hier liegt die Quelle von unaufhörlichem Stress. Ein Film ist in der Buchentwicklung, einer in der Drehvorbereitung, einer im Dreh, einer im Schnitt, einer auf Festivaltour. Noch mal: Das geht jedem Produzenten so, das ist der Job, das sollte Routine sein und wäre nicht der Erwähnung wert. Schwierig wird es allerdings, wenn man sich über keinen Erfolg mehr freuen kann, weil die nächste Herausforderung, das nächste Konfliktgespräch schon wartet. In solchen Momenten sucht man Ausgänge: Notausgänge.

In einem solchen Moment kam die Axel Springer AG auf mich zu und damit die Möglichkeit, in den Vorstand aufzurücken, sowie parallel in den Aufsichtsrat von ProSiebenSat.1. Eine merkwürdige Erfahrung für einen Jungen, der mit seiner Mutter in einer Zweizimmerwohnung groß geworden war. Natürlich sagte ich ja. Obwohl ich dann den von Springer bereits unterschriebenen Vertrag wochenlang auf der Rückbank meines Autos durch Hamburg fuhr.

Ich wusste, ich bin das nicht. Ich wusste, ich bin ein Manufaktur-Mann, kein Konzern-Mann.

Ich mache gern Filme, schreibe Bücher und moderiere eine Talkshow. Aber ich bin keiner, der sich auf der Metaebene wohlfühlt. Aber ich machte es, weil damals dieser Elternabend in Kassel stattgefunden hatte, bei dem mein Vater betrunken war. Und es in Kassel vielleicht noch Menschen gab, die sich daran erinnerten. Wie schon erwähnt: Einige Mitschüler durften mit mir nicht mehr spielen, weil ich Scheidungskind war.

Irgendwann rief dann der damalige Aufsichtsratsvorsitzende von Axel Springer, Bernhard Servatius, an und fragte nach, warum ich denn den Vertrag nicht zurückschickte. Ich unterschrieb und steckte den Umschlag in den Briefkasten. Der Deal war abgeschlossen. Meine Mutter war stolz, die »FAZ« lobte mich, und ich fühlte mich beschissen.

Ein Freund schenkte mir damals ein Buch von Søren Kierkegaard, wissend, dass ich den dänischen Philosophen sehr gern lese. Irgendwann schreibt Kierkegaard – nach meiner Erinnerung – in seinem Text vom »Salto mortale«, dem Sprung ins Nichts. Besser hätte man meinen damaligen seelischen Zustand nicht beschreiben können. Im Schreibtisch meines Büros hoch über den Dächern von Berlin hielt ich immer Joseph von Eichendorffs »Aus dem Leben eines Taugenichts« griffbereit. Das half mir.

Als ich Springer nach ein paar Jahren Richtung ProSie-benSat.1-Vorstand verließ, hielt Mathias Döpfner, der Vorstandsvorsitzende von Springer, eine wunderbare Rede: »Ich weiß nicht, ob ich es kritisieren oder loben soll, aber ich habe den Eindruck, du bist bei uns, bei Springer, nie richtig angekommen.« Er hatte ja so recht. Aber wo komme ich je richtig an? Ich, der flüchtige Flößer, der stets auf das Floß springt, das die Stromschnellen am besten zu meistern verspricht.

Ich erinnere mich: Während meines Studiums hatte ich ein Stipendium der Friedrich-Naumann-Stiftung bekommen. Leiter der Stiftung war der Schriftsteller Rolf Schroers, übrigens ein Mitbegründer der Gruppe 47, die von 1947 bis 1967 eine wichtige Institution des deutschen Literaturbetriebs war. Irgendwann saßen wir damals beim Wein, und er sagte: »Junger Mann, versprechen Sie mir etwas. Bleiben Sie immer ein Freiberufler.«

Ich tauge wohl weder für Kasernen noch für Konzerne. Dazu fehlt mir wahrscheinlich auch das Vertrauen in Führungsebenen, in Hierarchien. Ich muss allein los, auf die Nase fallen, wieder aufstehen. Ich bin nicht der Schuster, der bei seinen Leisten bleibt, vielmehr der Esel, der aufs Eis geht, wenn ihm zu wohl ist. Und zwar ohne das Urvertrauen zu haben, das sich in Hilde Domins Satz ausdrückt: »Ich setzte meinen Fuß in die Luft, und sie trug.«

Viel würde ich darum geben, dieses Gottvertrauen zu spüren. Ich möchte irgendwann auf dem Sterbebett liegen und sagen können: Ich habe nicht nur alles gegeben, sondern auch viel probiert und, ja, riskiert. Ich bin dankbar dafür, die Kraft gehabt zu haben, etwas zu machen, statt nur zu beurteilen. Und ich bin Mathias Döpfner dankbar für diese Chance, für diesen Umweg, bis heute. »Du musst das Leben nicht verstehen, dann kann es werden wie ein Fest«, sagt Rainer Maria Rilke, mein Dichtergott. Stimmt. Du kannst nicht, du sollst nicht alles planen.

Und damit sind wir bei »Chronos« und »Kairos«. Kairos, der günstige Zeitpunkt, der in der griechischen Mythologie als Gottheit verehrt wurde. Lass ihn nicht verstreichen, schon gar nicht ungenutzt. Du hast ja nur diese eine Lebenszeit (Chronos). Sei also ein Lebemann! Warum macht einen dieses Attribut eigentlich so verdächtig?

Die Angst sitzt mit am Tisch. Bloß die Zeit nicht provozieren. Ihre Rache kann furchtbar sein. Während ich diesen Text hier in Pollença, meinem Lieblingsort auf Mallorca, überarbeite, sind der Publizist und frühere »Stern«-Chefredakteur Michael Jürgs und der Filmproduzent David Groenewold verstorben. Beide kannte ich gut. Beide habe ich sehr respektiert. Auch der Filmproduzent Atze Brauner ist vor wenigen Tagen gestorben. Ja, hochbetagt, aber ohne seinen Film »Die Spaziergängerin von Sans-Souci« mit Romy Schneider und Michel Piccoli in den Hauptrollen wäre ich vermutlich nicht Produzent geworden. Er hat in meinem Leben eine Rolle gespielt. Genauso wie die in Italien verstorbene Lisa Martinek, die ich Regisseur Rainer Kaufmann für »Blaubeerblau« vorschlagen wollte. (Die Rolle spielte dann die wunderbare Nina Kunzendorf.)

Chronos und Kairos. Zeit, Lebenszeit und die günstige Gelegenheit. Das ist wohl das Leben. David Groenewold war ein großer Verehrer der Dichterin Mascha Kaléko. Oft hat er sie zitiert. Ich habe mich dann revanchiert:

Alle Eisenbahnen dampfen in meine Hände,
Alle großen Häfen schaukeln Schiffe für mich,
Alle Wanderstraßen stürzen fort ins Gelände
Nehmen Abschied hier; denn am andern Ende
Fröhlich sie zu grüßen, lächelnd stehe ich.

»Die Fahrende«, das Gedicht von Gertrud Kolmar, schließt mit der Zeile: »Nichts als Sand in den Schuhen Kommender zu sein.« Sie, die in einem Konzentrationslager der Nazis ermordet wurde, hat mich mein Leben lang begleitet. Ich habe ihr Gedicht Tausende Male gelesen, und jedes Mal hat es mich inspiriert, manchmal aber auch terrorisiert. Du musst, Hubertus, bevor du die Asche in den Schuhen Kommender bist, dein Leben auf die Reihe kriegen. Druck! War uns das klar, als wir, David und ich, uns vor 15 Jahren gegenseitig Gedichte vorlasen? Vielleicht. Die Wichtigen von heute sind der Sand von morgen. Und ich selbst achte nun dank Kafka und Shaw einigermaßen darauf, gut durchzukommen, durch die Jahre, die auf mich warten. Bevor ich die Asche bin und der Schnee von gestern.

Ja, die Sicherheit, dieser Götze. Sie ist ohnedies schlimmer als eine Droge! So habe ich es tatsächlich schon früh empfunden. Deutsche Sparer verlieren lieber Geld, bevor sie ein gewisses Risiko an der Börse eingehen. No risk, no fun: Den Satz gibt es auf Deutsch gar nicht. Riskantes Verhalten ist in Deutschland ein wenig obszön. Wir Deutschen sind irgendwie dem Eichelhäher sehr ähnlich. Dem Forstwirt und Naturschützer Peter Wohlleben habe ich die Information zu verdanken, dass dieser Vogel »im Herbst bis zu zehntausend Eicheln und Bucheckern (versteckt) um einen ausreichenden Wintervorrat zu haben. Er braucht zwar nur rund 1.800 Stück, ist aber ein Sicherheitsfanatiker.«

Können wir den Ernstfall überhaupt »absichern« (was für ein Wort!), so wie es der Eichelhäher tut, der offensichtlich bestrebt ist, in »sicheren Zeiten« zu leben? Können wir unsere Lebenszeit planen? Oder ist Lebensplanung das Ersetzen des Zufalls durch Irrtum? Sicherheit killt meine Sehnsucht, mein Fernweh. Wenn ein Meer überfischt ist, wartet man so lange, bis die Bestände sich erholt haben. Ihr Zeitkonto jedoch erholt sich nicht, nachdem Sie es »geplündert« haben.

Sie können die Party nicht nachholen, die vor zehn Jahren zu Ihnen gepasst hätte. Ob du alt bist, entscheiden andere, so die Erkenntnis meiner Mutter. Ein Freund, der mit einer erheblich jüngeren Frau zusammen ist, sagte mir neulich, er hatte gehofft, sich durch sie etwas von seiner vergangenen Jugend zu bewahren. Stattdessen konfrontiert sie ihn mit seinem Altsein, bevor sich das wirklich eingestellt hat.

Der »Plünderer« in mir wird immer wieder motiviert weiterzumachen mit der Anbetung von Chronos und Kairos. Dem Gott der Zeit und dem Gott der günstigen Gelegenheit, die – wenn man sie verstreichen lässt – wohl so nicht wiederkommt. Chance, luck and accident – Gelegenheit, Glück und Unfall –, frei übersetzt aus dem Englischen. Man taucht in sein Leben ab, sucht nach Strömungen, die einen vorankommen lassen, und vergisst, dass der schnelle Weg nach oben die Taucherkrankheit auslösen kann. Man braucht Stopps für den Druckausgleich, sonst entstehen Verletzungen durch eine zu schnelle Entlastung nach der Einwirkung von Überdruck. Und manchmal gibt der eine oder andere, der oben angekommen ist, den Druck nach unten weiter, den er unten überlebt und nun oben nicht mehr hat.

Kafka und Shaw haben für mich zwei paradoxe Funktionen: Einerseits stehen sie für Gefahr, andererseits behüten sie und ermahnen mich, endlich still zu halten. Du bist bereits durch eine unsichtbare Tür gegangen, Hubertus. So eine Glastür, die ich das erste Mal mit Ende fünfzig wahrgenommen habe, lange vor der Diagnose. Ich wusste plötzlich, dass jetzt das Altern beginnt, der Tod näher kommt.

13.

Es gibt Orte, die haben sich ihre Würde bewahrt, selbst wenn sie in einem sogenannten Urlaubsgebiet liegen. Die Insel Mallorca, die sich, zumindest einige Jahrzehnte lang, so prostituiert hat wie kaum eine andere Insel im Mittelmeer, versucht nun, etwas von ebendieser

Würde zurückzuerlangen. Zwei Orte auf der Insel, die dies aus meiner Sicht nicht müssen, nicht nötig haben, sind Pollença und das fünf Kilometer entfernt liegende Port de Pollença. In diesen Orten ist der Reisende willkommen, nicht der Tourist. Das alltägliche Leben geht weiter, wenn man dort zu Besuch ist; es wird nicht der Hotelindustrie und den sich meist anschließend drum herum ansiedelnden Clubs, Pubs und Spaßbädern geopfert.

Es gibt dort sogar noch Fischer. Mit einem bin ich hin und wieder im Gespräch, er redet sonst kaum, ein wortkarger Mann. Wenn er mal spricht, lohnt es sich für mich zuzuhören. Er sorgt sich um die Fischgründe, blickt aber über seinen Tellerrand: »Eine endliche Welt kann nicht unendlich Wachstum verkraften.« Er belächelt den US-Präsidenten Donald Trump, der gerade absurd in Waffen investiert, damit er gleichziehen kann mit Russlands Präsidenten Wladimir Putin, der gerade absurd in Waffen investiert. Und beide versuchen, ihrem Wahlvolk zu erklären, dass man sonst den Chinesen eines nicht so fernen Tages komplett unterlegen sein würde, weil eben auch die Jungs in Peking in absurder Weise in Waffen investieren. Und alle Nationen hätten selbstverständlich nur Ministerien der Verteidigung und nicht Ministerien des Angriffs, sagt er. Uns eint die fürchterliche Erkenntnis, dass wir Menschen nichts so sehr fürchten wie andere Menschen.

In der Hinsicht habe ich, sicherlich auch dank Kafka und Shaw, dazugelernt, zumindest eine andere Perspektive eingenommen als beispielsweise vor fünf oder zehn Jahren.

Ich, eher ein Pragmatiker, habe diese waffenstarrende Welt akzeptiert. Das Gleichgewicht des Schreckens bringt den Frieden. Das ist meine Überzeugung. Gleichwohl habe ich bereits 1977 ein Zitat aus Bertha von Suttners Buch »Die Waffen nieder!« in meine Kladde aufgenommen, das mich offensichtlich beeindruckt hat, damals wie heute: »Meine Rüstung ist die defensive, deine Rüstung ist die offensive. Ich muss rüsten, weil du rüstest. Weil du rüstest, rüste ich. Also rüsten wir, rüsten wir immerzu.« Denken wir das mal weiter ...

Was könnten wir mit dem Geld anstellen, das in die Waffen fließt, die dann – Gott sei Dank – kaum einer anwendet! Bei manchen Politikern gewinne ich den Eindruck, sie möchten unsere Welt so weit aufrüsten, dass es ein höllischer Platz zu werden verspricht. Laut »Handelsblatt« vom 19. April 2019 geben wir weltweit 1,8 Billionen Dollar für Rüstung aus. Wir Menschen verschwinden allerdings nach gut 80 Jahren wieder, Waffen, Munition und vor allem nuklearer Abfall bleiben. Unser Erbe an die künftigen Generationen.

Ich will nun aber nicht die Umstände verantwortlich machen für Dinge, die ich ändern könnte. Ich will nicht darauf warten, bis Kafka und Shaw mich endgültig heimsuchen. Weder Zaghaftigkeit noch Zynismus bringen mich in meinem Leben auch nur einen Meter weiter. Ich finde, dieses Leben ist ein Geschenk. Und wir werden weder von Nazis bedroht noch müssen wir Zustände wie in Nordkorea erdulden, das »Aufstehen« löst keine Lebensgefahr aus.

Und, bitte, unterscheiden Sie das Wichtige vom Unwichtigen. Man kann Krankheit beklagen, aber auch froh sein, dass sich zum Beispiel in »meinem Hamburg« die besten Kliniken, die man sich vorstellen kann, um ihre Patienten bemühen. Man kann verzweifelt sein darüber, dass man in seiner Familie einen wunderbaren Menschen hat, der die Hilfe der geschlossenen Psychiatrie braucht. Man könnte aber auch dankbar sein dafür, wie viel in Deutschland mittlerweile für psychiatrisch Erkrankte gemacht wird. Und ich trage gern meinen Teil dazu bei, dass ausreichend Geld gesammelt wird für diese Einrichtungen. Es liegt mir am Herzen. Es ist mir wichtig. Das bin ich meiner Tochter schuldig.

In einem Land, in dem die Zeitungen melden, dass deutsche Autofahrer lange im Stau stünden – zu lange, wie es heißt –, in einem solchen Land gibt es keine Probleme. In einer Stadt wie Hamburg lebt das hiesige »Abendblatt« einmal jährlich verlässlich und gut davon, dass man über die Schlaglöcher in den Straßen klagt. Man gewinnt den Eindruck, man würde im Bukarest der Siebzigerjahre des letzten Jahrhunderts leben. Ein paar Seiten später geht's dann immer und immer wieder um die tapferen HSV-Spieler, die offensichtlich seit zwei Jahrzehnten Manager und Aufsichtsräte über sich haben, die nicht in der Lage seien, einen Minigolfplatz über die Saison zu bringen. Na und?

Die Frage ist, ob wir uns permanent auf Nebenkriegsschauplätzen verlieren, statt die einzig richtige Frage zu stellen: Tue ich genug für mein Glück und mein Land und den Planeten? Bin ich mir der Kostbarkeit meines kurzen

Besuchs auf der Erde bewusst? 1,8 Billionen Dollar für die »Rüstung« (allein das Wort!) – und wir regen uns über Schlaglöcher auf.

Wenn der mallorquinische Fischer seine Netze flickt und der Tag hinter ihm liegt, erlaubt er mir immer mal wieder, dass ich mich zu ihm setze. Er spricht ganz gut Englisch, ich ziemlich schlecht Spanisch, geschweige denn Mallorquín. Er erzählt mir, dass er das Winterhalbjahr dem Sommerhalbjahr vorziehe. Dann seien in den Straßen der Dörfer kaum Fremde und auf dem Meer weit draußen weder Kreuzfahrtschiffe noch Jachten mit lärmenden Urlaubern. Wir hätten die Stille verlernt, sagt er. Es sei alles zu laut geworden. Und er befürchtet, dass das Gebrüll lauter Staatsmänner schnell in Kriegsgeheul übergehen könne. Die Zeit des Friedens sei vorbei, der Krieg wieder eine Option. Man sei ja schon beim Krieg der Worte. Und eins wisse er genau: Dann sei sein Platz auf dem Meer. Dann käme er nicht mehr an Land. Lieber auf dem Meer sterben, als an Land Menschen erleben müssen, die von dem Virus Aggression befallen sind. Das mache sie nicht nur hässlich, das mache sie vor allen Dingen gefährlich. Dann schaut er mich an. Schweigend. Minutenlang. Er möchte, dass ich gehe.

14. Ich habe in den vergangenen Jahrzehnten wirklich gute Filme produziert, mit herrlichen Schauspielern, großartigen Regisseuren, dank der Unterstützung wunderbarer Redakteure im Wesentlichen von NDR, BR und ZDF. Diese Filme interessieren mich bei dieser Rückbesinnung nur am Rande, nur im Hinblick auf die Zeit, auf meine Lebenszeit. Zum Beispiel »Meine fremde Freundin«, der Film über einen Mann, der wegen der Falschaussage einer Zeugin Jahre zu Unrecht im Gefängnis saß, basierend auf einer wahren Geschichte. Ein Mann, dem man Lebenszeit gestohlen hat. 2001 notierte ich in meinem schwarzen Buch: »Wenn ich einen Film mache, dann interessiere ich mich mehr für die Menschen, die mit mir arbeiten, als für den Film, als für das Kino.« Das hat John Cassavetes, ein amerikanischer Regisseur, Drehbuchautor, Produzent und Schauspieler, einmal gesagt und mir damit aus der Seele gesprochen.

Die Besetzung meines Films: Ursula Strauss, Valerie Niehaus und vor allen Dingen mein alter Weggefährte Hannes Jaenicke. Ihn kenne ich seit 30 Jahren und habe ihn innerhalb dieser Zeit vielleicht addiert 50 Tage gesehen. Nicht viel, aber genug, um ein Vertrauensverhältnis zu haben. Der Reiz einer Filmcrew, eines Teams, das menschlich (und professionell) funktioniert, besteht auch darin, dass alle Beteiligten wissen, nach circa 20 bis 25 Tagen geht man wieder auseinander und kommt so, in dieser Konstellation, niemals mehr zusammen. Der Reiz liegt im Flüchtigen, gleichwohl die Arbeit intensiver nicht sein könnte. Das Wissen um die knappe Zeit schärft die Sinne aller.

Da die Arbeit am Film nicht frei von Herausforderungen war, habe ich mir abends zur Entspannung immer wieder Fellini-Filme angesehen. Vor allen Dingen »Amarcord«. Und plötzlich, als ich mich mit Federico Fellinis Biografie befasste, fiel mir auf, dass er 1920 in Rimini geboren worden war. Ob Daphné Bugey das wusste, als sie ihren Duft kreierte und so nannte? »A m'arcord« bedeutet im Dialekt Riminis: »Ich erinnere mich«. Verwirrend. Gegenwart und Vergangenheit verschmelzen. »Wir spielen immer. Wer es weiß, ist klug.« Arthur Schnitzler hat das geschrieben. Und vielleicht nahm er Fellini vorweg, der einmal sagte: »Ich habe mein Leben selbst erfunden. Ich habe es eigens für das Kino erfunden. Bevor ich den ersten Film gedreht habe, habe ich nichts anderes getan, als mich darauf vorzubereiten, groß und stark zu werden und mich mit der notwendigen Energie aufzuladen, um eines Tages ›Aufnahme‹ sagen zu können.« Fellini, das Provinzkind, wollte nach Rom, in die Großstadt. Er hat seiner Geburtsstadt Rimini wohl immer skeptisch gegenübergestanden. Sonst hätte er anschließend vermutlich nicht »Roma« gedreht.

Trieb ihn die Sehnsucht raus in die große Welt? Bei mir war das so! Schon immer. Als Kind bin ich auf die nahe Autobahnbrücke gefahren und habe den Fernfahrern zugewinkt. Ich habe ihnen hinterhergeschaut und bin mit ihnen gedanklich in die Ferne gereist. An Bahnhöfen stehe ich noch heute vor den großen Displays mit den Abfahrten und Ankünften und sehe nach, ob auch Züge angeschrieben sind, die ins Ausland fahren oder aus dem Ausland kommen.

Und selbst an einem kleineren Regionalflughafen schaue ich nach, welche Verbindungen es gibt. Ich finde es immer da schöner, wo ich nicht bin, als dort, wo ich bin. Das betrifft nicht nur Orte, sondern auch und gerade die Zeit,

die knapper wird, die einem entgleitet. Oft entstehen übrigens großartige Filme, obwohl man zu wenig Drehzeit
hat. Dann sind alle fokussierter. Bei meinem Lebensfilm
sind wir im dritten Akt. Noch wenig Drehzeit übrig. Ich
bin ziemlich fokussiert.

Kafka und Shaw. Die faulen Karzinome

15.

Was fängt man an mit seiner »gewonnenen Zeit«? Kann man überhaupt Zeit gewinnen? Und kann man Zeit verlieren, wie zum Beispiel ein Portemonnaie? Kann man Zeit einen Geldwert geben, und wenn ja, ist der bei jedem gleich? Sind Chronos und Kairos gerechte Götter, die ihre Gunst gleichmäßig an die Menschen verteilen? Vielleicht fällt bei Ihnen – langsam – der Groschen: Ihr Autor will irgendwie verstehen, warum schnell sexy ist und langsam so erotisch wie Fußpilz. Vielleicht ist es Ihnen einen Versuch wert: gemeinsam zu einer anderen Geschwindigkeit zu kommen. Langsamer, eventuell gelassener zu werden – so wie die beiden Karzinome, die vor einigen Monaten bei mir diagnostiziert wurden.

»Die wachsen so langsam«, sagt mein Professor. »Wären Sie Gegenstand einer medizinisch-wissenschaftlichen Arbeit, käme ein junger Assistenzarzt erst nach seiner Emeritierung zu ersten Ergebnissen.« Diese beiden bösartigen Geschwüre sind also gar nicht so böse, weil sie langsam sind, irgendwie faul. Aber sie konfrontieren mich, seitdem ich sie nun Tag für Tag spazieren trage, mit der Erkenntnis, dass meine Zeit eines gar nicht mehr so fernen Tages ablaufen könnte.

Dafür bin ich den beiden äußerst dankbar, denn damit verändern sich meine Prioritäten. Ich plane jetzt, Dinge zu machen, ohne sie vorher auf ihren Nutzwert zu überprüfen. Oder noch präziser: Ich plane kaum noch etwas. Vor einer Weile lief ich beispielsweise durch Tallinn, die Hauptstadt Estlands. Ich befand mich gerade auf einer Schiffsreise von Kopenhagen über Tallinn nach Sankt Petersburg und beschloss, mich selbst zu einem Spiel einzuladen. Ich hatte die Wahl, mich unter eine englische oder eine deutsche Reisegruppe zu mischen, und nahm mir vor, einen Satz, den ich aufschnappte, in mein Buch zu integrieren, sofern er Ihnen, liebe Leserinnen und Leser, zumutbar sei. Dieses Spiel nahm also seinen Lauf auf einer der Hauptstraßen Tallinns, Pikk mit Namen, nahe dem sehenswerten Rathaus.

Ich entschied mich für die englische Gruppe, in der aber niemand etwas sagte, weil alle kleine Kopfhörer in die Ohren gesteckt hatten und auf diese Weise ihrem Guide zuhörten. Mein Spiel schien zunächst nicht aufzugehen – keiner machte den Mund auf –, bis ich plötzlich Musik hörte, vertraute Töne. Eine Frau meines Alters hatte sich nämlich, offensichtlich an den Worten des Guides wenig interessiert, für die Rolling Stones entschieden, genauer für »Honky Tonk Women«. Bei diesem Song habe ich einmal ziemlich lange mit einer ziemlich tollen Frau ziemlich leidenschaftlich geknutscht. Daraufhin kaufte ich eine Postkarte und schickte sie ihr, dieser besagten Frau, in die USA. Viel später, Monate danach, schrieb sie mir eine Mail, in der stand, dass genau an dem Tag, als meine Karte eintraf, ihre Tochter Mutter geworden sei. Und sie fügte hinzu, sie habe weiche Knie bekommen, weil ihr so ihr eigener Circle of Life bewusst geworden sei. Also: Ich vertraue jetzt mehr dem Spiel als dem Plan.

Da Frühling und Sommer meines Lebens nun für mich unwiederbringlich verflogen sind, rüste ich mich für meinen Herbst. Tapfer, bisweilen verunsichert, die Worte meiner

Großmutter Christel noch im Ohr: »Das Leben ist kurz, auch wenn es lang ist.«

Aber ich muss Sie warnen. Sie haben ja weder einen Roman noch ein Essay oder eine Erzählung in den Händen. Es handelt sich, bestenfalls, um einen Fließtext, der, entstanden unter dem Eindruck einer Diagnose, das Drehbuch zu dem Film im Kopf ist, der sich in Sekunden abspult, wenn man verunfallt und zu sterben fürchtet. Diesem Text geht also eine Schrecksekunde voraus, sonst hätte ich ihn nicht geschrieben.

16.

»Du hast zwei Leben. Das zweite beginnt, wenn du begreifst, dass du nur eines hast.« Diese Erkenntnis kennen Sie nun schon, und sie wirft Fragen auf: Was werde ich eines Tages tun, wenn ich nichts mehr mache? Wie sieht meine After-Show-Party aus, der Abspann meines letzten von mir produzierten Films? Statt Talk-Show No-Show. In all diese Überlegungen platzt – Monate später – die Nachricht eines anderen Arztes, den ich auf Empfehlung eines Freundes aufsuchte, dass meine Karzinome zwar noch immer eingekapselt seien, die Schale jedoch an einer Stelle sehr dünn und damit Gefahr im Verzug sei.

Noch vor wenigen Tagen kokettierte ich in einem Gespräch damit, dass Kafka und Shaw in Sachen Energie und Fleiß nicht die hellsten Kerzen auf der Torte seien. Und jetzt sitze ich an meinem Esstisch, das Telefon noch in der verschwitzten Hand, und versuche, diese Nachricht zu verdauen, die mir soeben der Doktor übermittelte. Ich reagiere mit vertrauten Reflexen: Suche das Heil nicht im Lamentieren! Denk nicht in Problemen, denk in Lösungen. Das Leben ist nun mal, seien wir ehrlich, von vorn bis hinten lebensgefährlich. Oder: Ein Schiff liegt im Hafen sicher, aber dafür wurde es nicht gebaut. Gestanzte Weisheiten. Aber sie helfen – Ironie oder Zynismus hingegen nicht, zumindest nicht mir.

Dies wiederum führt mich zu der Frage, die mich ein Leben lang beschäftigt und jetzt durch Kafka und Shaw sogar noch einmal an Brisanz gewonnen hat: Warum sehen wir Niederlagen nicht als Chance? Warum werden sie als ehrabschneidend empfunden? Nicht in den USA, auch nicht so sehr in England, aber bei uns?

Eine Krebsdiagnose ist erst einmal die größte Niederlage, die man sich vorstellen kann. Aber selbst darin steckt der Keim einer Chance und die Möglichkeit zu einem besseren Leben. So tröste ich mich. Und hat Novalis nicht recht, wenn er sagt: »Glück ist Talent für das eigene Schicksal«? So gesehen lassen sich die Gesetze einer gesundheitlichen Niederlage auf die Gesetze einer beruflichen oder persönlichen Niederlage übertragen. Im Kino sehen wir es ja gern: das Auf und Ab. Das Triumphieren und Versagen, Glück und Pech. Oder wollen Sie einen Film über einen festangestellten Bausparer mit Altersversorgung, der auch noch glücklich verheiratet ist, sehen? Warum nicht? Weil das stinkelangweilig ist. Die allermeisten Menschen führen ihr Leben so, dass, würde man es verfilmen, ebendieser Film Kassengift wäre.

Und so arbeitet man eben mittlerweile auch: risikoavers. Für mein Gewerbe heißt das: Haben wir als Hauptdarsteller nicht einen prominenten Schauspieler oder eine prominente Schauspielerin? Sonst fehlt der sogenannte Einschaltimpuls für den Zuschauer. Die Menschen erwägen dann noch nicht einmal, ihre Zeit vor dem Bildschirm zu verbringen. Ein Film, das sei in diesem Zusammenhang auch noch deutlich erwähnt, ist – wie Musik – gestaltete Zeit. Für Steuerberater und Wirtschaftsprüfer allerdings ein immaterielles Wirtschaftsgut. Aus deren Sicht eben nur ein Datenträger mit Software drauf. Gehen Sie mal in sich, wie so ein Finanz-Flanell-Männchen Ihr Leben einstufen würde. Wenn ich mich frage, warum viele Menschen ein ereignisarmes Leben führen, komme ich immer wieder zwingend zu der gleichen Erkenntnis: Sie finden, dass das bekannte Unglück dem unbekannten Glück vorzuziehen ist. Gilt nicht für mich. Im Gegenteil: Ich habe mich immer gefragt, worin die Faszination der Dauer liegt.

17. Als ich nach Hamburg kam, fiel mir auf, dass es vielen bemerkenswert erschien, wenn eine Familie schon in der vierten, ja, fünften Generation dort ansässig war. »Die Großväter haben schon zusammen Hockey gespielt...« Was soll mir das sagen? Dass die Kinder und Enkel nicht die Energie für grundlegend neue Lebensentwürfe anderswo aufgebracht haben? Geliehene Autorität aus vorangegangenen Generationen in die eigene Selbstbestimmung und Verortung einfließen zu lassen erscheint mir keinesfalls der lobenden Erwähnung wert zu sein.

Und warum – bleiben wir bei Hamburg – das »alte Geld«, das dort ruht, Achtung erfährt, während der Neureiche belächelt wird, müsste man mir wirklich erklären. Immer steht hinter dem neuen Reichtum eine unternehmerische Tat, hinter dem alten Geld administratives Geschick. Was macht die Faszination der Dauer aus? »Wenn du hier einen Freund hast, dann hast du ihn für immer.« Dieser Satz wurde mir zu Anfang meiner Hamburger Zeit oft gesagt, häufig mit so einem treuherzigen Augenaufschlag.

Furchtbar, dachte ich mir dann. Das klang alles wie lebenslang. Ich kenne auch Ehepartner, die sich nicht mehr trennen, weil sich das nach drei Jahrzehnten nicht mehr lohnt. Lieber den falschen Ehepartner an der Seite haben, als allein zu sein. Mancher verheirateten Frau, manchem verheirateten Mann rate ich, bei der nächsten Liebeserklärung à la »Was täte ich ohne dich?« kurz innezuhalten, um sich vielleicht die wesentlichere Frage zu stellen: »Was täte ich ohne mich?«

Und dem Freund, den man in Hamburg wohl gleich für immer hat, sei gesagt, dass auch eine Freundschaft ihre Zeit hat, wenn man sich zumindest mit mehr als dem Ritual begnügt. Und manchmal verlangt es die Kraft zum Abschied, das kenne ich selbst.

Gehört der Abschied nicht ohnedies zu einem gelingenden Leben? Die »famous final scene« im Kino finden wir doch genauso attraktiv und berührend wie den ersten Blickkontakt zwischen zwei Menschen, die sich vielleicht gerade verlieben. Der Abschied ist ein kleiner Tod...

Nichts bleibt, alles fließt. Lässt sich dem Zeitdiktat vielleicht etwas entgegensetzen, indem man seine brüchigen Beziehungen aufs Sterbebett legt, um ihnen dann aber die Hand zu halten, wenn es für die neue und unbekannte Welt Courage braucht. »No Guru, No Method, No Teacher« sang Van Morrison einst. Recht hat er. Nichts hilft – außer du dir selbst, wenn du die Kraft aufbringst. Ich kriege ein feines Gefühl für die Grautöne zwischen Freundschaft, Bekanntschaft sowie Kollegialität. Alles stimmt für sich, wenn man es bei dem belässt, was es ist. Und ich merke, zum Verdruss meiner Frau, dass ich nur ganz wenige Freunde brauche, genieße, wertzuschätzen weiß. Und da sind wir wieder bei der Sehnsucht nach der Flüchtigkeit.

Ich habe die Engländer stets beneidet ob ihrer Fähigkeit zum Small Talk. Themen zu finden, die den Gesprächspartner nicht verletzen oder in Verlegenheit bringen, ist eine Kunst! Ich mag die Amerikaner, weil sie den Optimismus ins Schaufenster stellen, und ich weiß die Japaner zu würdigen, die nicht auf die Idee kommen, den anderen mit den eigenen Problemen zu belasten, ja, zu belästigen. Für meine Frau gebe ich das letzte Hemd, für meine Kinder... ja klar! Aber ich möchte meine Zeit nicht mehr mit Menschen verbringen, die auch nur einen Hauch Falschheit in ihrem Spiel haben. Ich bin davon überzeugt, dass ich gesunden kann, wenn ich meine Lebenszeit auffülle mit denen, die in ihrem Leben wohnen, die Platz genommen haben in ihrer Zeit, wissend, dass die Person ohne ihre Funktion erst die wahre Währung ist. Und ich bekenne, dass zu einem großen Teil ich am Verwaschenen schuld bin, am nicht Klaren.

Wenn Sie Filme produzieren und Talkshows moderieren, dann hat Ihnen der liebe Gott sowohl die Kunst des Verbindlichen als auch das Talent des Unverbindlichen geschenkt. Das ist Segen und Fluch zugleich. Sie stellen schnell Nähe her, die Sie schließlich auch verantworten und verwalten müssen. Und das gelingt mir nicht mehr so gut, seitdem ich weiß, dass Kafka und Shaw in meinem Körper schürfen wie Bergleute nach Kohle. Ich habe plötzlich den Mut zur Endlichkeit einer Freundschaft, obwohl der jeweilige Mensch mir gar nichts Böses getan hat. Er hat mich nicht enttäuscht, es gab weder Streit noch Konflikt. Ich bin nur der Tiefe mit ihm müde. Und immer wieder wird mir sehr deutlich, dass mir im Falle eines eventuellen Konflikts die Natur besser hilft, als ein Mensch es kann. Wie oft bin ich bei großen Auseinandersetzungen, großen Entscheidungen in meine Geburtsstadt Kassel gefahren und dort immer denselben Weg gegangen. Ein großes, wunderbares Ritual. Immer derselbe Wald, dieselben Erinnerungen, dieselben Gerüche. Und der Deal mit mir selbst war, bei Verlassen des Waldes circa eine Stunde später die Entscheidung getroffen zu haben. Und die steht dann. Unwiderruflich. Vor 40 Jahren habe ich einen Satz von Adalbert Stifter in meiner Kladde festgehalten: »Singen kann ich nicht, aber denken wie der Wald.«

Vielleicht war mein schwarzes Buch, das mich nun seit über 40 Jahren begleitet, so etwas wie mein erster Therapeut, mindestens aber mein bester Freund, dem ich alles anvertrauen konnte. Zum Beispiel, dass ich mein Leben, so schön es auch mitunter war, als anstrengend und mühsam empfunden habe. Heute erst frage ich mich: Wie wäre mein Leben verlaufen, falls ich immer und überall zu spät gekommen wäre? War ich immer pünktlich, weil ich es einfach nicht ertrage, wenn die Zeit mir Spielraum gibt? Habe ich die Taktung der Pause vorgezogen, das Laute dem Stillen?

Der kürzlich verstorbene französische Denker und Geschwindigkeitsforscher Paul Virilio hat in seinem Buch »Rasender Stillstand« (»L'inertie polaire«) darauf verwiesen, dass wir in einem System leben, das gleichzeitig kreist und stillsteht: »Wir verabsolutieren die Geschwindigkeit und legen doch keinen Weg zurück.« Ich fühle mich da ertappt. Befinde ich mich also zeitlebens in einer Art Jetlag, schwindelnd und um (inneres) Gleichgewicht ringend, weil ich mich nie in der Zeitzone meines Hier und Jetzt aufhalte?

Kresimir Kucko, Chief Executive Officer der arabischen Fluglinie Gulf Air, schreibt im Editorial des Bordmagazins der Airline, das ich kürzlich in den Händen hielt, über eine ganze Seite stolz darüber, wie überaus pünktlich seine Flugzeuge seien. »With an average OTP of 88 %, Gulf Air was independently ranked by UK aviation analysts OAG as the third punctual airline in 2017.«

Was heißt aber »pünktlich«? Ist die Zeit eine unendliche Anzahl an Punkten, und derjenige, der sich verspätet, trifft sozusagen den falschen Punkt auf der Zeitachse? Vielleicht wäre genau das manchmal besser. Vielleicht wäre es besser, wenn ich das Spielerische dem Plan vorziehen würde, vorgezogen hätte. Vielleicht sollte ich das Leben als einen großartigen Budenzauber verstehen, auf einen festen Wohnsitz verzichten und Doris Dörries Rat beherzigen, die mir kürzlich sagte, wir sollten alle lernen, wieder faul zu sein, nichts zu tun, außer zu gucken. Zu Hause fühle sie sich ohnedies nur in der Fremde. Widersinnig, zunächst, aber es bringt mich zum Innehalten. »Pünktlichkeit« ... keineswegs ein objektiver Begriff. Meine Frau sagt, sie sei fertig, die Wohnung zu verlassen, um etwa ins Kino zu gehen, hat aber, während sie das sagt, kaum etwas an. Was sie meint, ist, dass sie im Begriff ist, bald fertig zu sein.

Anderes Beispiel: Ich habe lang und gern im Rheinland gelebt. Dort sagen die Leute: »Ich bin dann mal weg.« Im Regelfall bleiben sie aber dann noch ziemlich lang genau da, wo sie sind. Vom Tod erwarte ich hingegen keine freundliche Ankündigung. Er ist für meinen Körper eine disruptive Innovation, anders gesagt: Er stört.

18. Zwischen meinem Körper und meinem Leben herrscht mittlerweile ein Verhältnis wie zwischen Wirt und Parasit. Mein Leben suchte sich einst meinen jungen Körper aus, den es, wenn ich alt, grau und faltig bin, wieder verlassen wird. Da mache ich mir nichts vor, da rechne ich in der Not nicht mit Loyalität. Das Leben geht weiter, im doppelten Sinne der Formulierung. Das Leben ist ein alter, fetter, reicher Sack, der irgendwann seine gleichaltrige Ehefrau gegen eine junge austauscht. Das Leben ist chauvinistisch. Und bevor das alles passiert, möchte ich seelisch irgendwie den Weg nach Hause antreten. Pfeifend, lächelnd, resümierend, nachdenklich.

Vor einigen Jahren übernachtete ich in einem Hotel in Los Angeles. Von meinem Zimmerfenster aus konnte ich ein riesiges Werbeplakat für eine CD sehen, die Neil Diamond damals herausbrachte: »Home Before Dark« war der Titel des Tonträgers. Sei zu Hause, bevor es dunkel wird. Und sofort dachte ich an die kleine Wohnung meiner Mutter, die sie uns mit wenigen Mitteln behaglich eingerichtet hatte. Wenn ich mich daran erinnere, wie ich so zwischen meinem 13. und 16. Lebensjahr abends zurück in diese Wohnung kam, vor allem als es draußen kalt und regnerisch war, ist das für mich bis heute der Inbegriff von einem behaglichen Zuhause. »Wer jetzt kein Haus hat, der baut sich keines mehr«, warnt Rainer Maria Rilke in der »Herbsttag« diejenigen, die den Zeitpunkt versäumen, rechtzeitig den Heimweg anzutreten.

Als ich meinen Rückflug, meinen Heimweg von L. A. nach Deutschland buchte, passierte etwas Bezeichnendes: Wie selbstverständlich hatte ich mir einen Fensterplatz in der Maschine reserviert. So wie damals, als ich in jungen Jahren das erste Mal geflogen bin. Nach 20 Jahren Gangplatz, nahe dem Notausgang, Sie wissen schon, lesend, nun wieder Fensterplatz, schauend. Die Sehnsucht nach der Heimat löst etwas aus. Und das scheint sich mit dem Alter einzustellen. Zumindest mit dem Älterwerden.

Mein Held Rod Stewart hat einen Song mit dem Titel »Last Train Home« veröffentlicht. Ein trauriger Song, den ich mag, nicht zuletzt weil er darin die Bahn, die er erwischen möchte, nicht kriegt:

> *I'm cold and lonely*
> *And I wanna be home in my bed*
> *The rain is fallin' and is tringling down the back of my neck*
> *The last train home*
> *...*
> *The last train home is gone.*

Zug verpasst! Vielleicht eine Signalstörung?

Meine Signalstörung kam in Gestalt von Kafka und Shaw. Sie betraten die Bühne durch den Hintereingang. Leise. Kein Fanfarenstoß, kein roter Teppich für die beiden. Sie hatten sich bei mir eingenistet, und ich hatte es nicht bemerkt. Es gibt keinen Krebs in der Familie, ich hab nie Zigaretten geraucht und hatte auch keine Beschwerden, egal, welcher Art. Ich war einfach nur bei der Vorsorge, und einige Tage später ließ mich der Arzt wissen – mit der Sensibilität eines nordkoreanischen Elitesoldaten –, dass ich möglichst bald unters Messer müsse.

Sie erinnern sich: Ich war auf dem Wege zur Trauerfeier einer engen Freundin meiner Frau, die mit 51 Jahren an Krebs verstorben war. Damals saß ich wie vom Donner gerührt neben Dorothee und schwor mir, ab jetzt meine Lebenszeit verbissen zu verteidigen. Ich hatte plötzlich ein schlechtes Gewissen, wie ein Katholik, der zu wenig betet und sich ertappt fühlt. Mein schlechtes Gewissen richtete sich gegen meine Zeit, ein Gefühl wie gegen eine Person: Habe ich dich vernachlässigt? Mich zu wenig um dich gekümmert? War ich zu sorglos und mir deiner Zuneigung zu sicher? Die Zeit, meine Lebenszeit erschien mir plötzlich wie eine enge und unterbewusst lang vermisste Freundin, der gegenüber ich mich arrogant und ignorant verhalten hatte. Ich will mein Leben retten, um jeden Preis!

Einen fiktiven Dialog mit dieser Freundin möchte ich mit den Worten beginnen: »Würde ich einmal anfangen zu weinen, dann würde ich nicht mehr aufhören.«

»Vor Freude hoffentlich«, wäre ihre bange Antwort.

»Ambivalent«, meine Erwiderung.

Denn es kann ja nicht ewig so weitergehen. Dafür sorgen schon Kafka und Shaw. Eingeladen hatte ich sie nicht, aber jetzt, wo sie nun mal da sind, ist Feuer unterm Dach. Wegen Shaw fiel mir kürzlich Peter Ustinov ein, der wohl erkannt hatte, dass sich ab einem bestimmten Alter das, was man für die Generalprobe gehalten hat, schon als die Vorstellung herausstellt. Und genau darüber könnte ich in der Tat manchmal heulen, über meine Unfähigkeit in jüngeren Jahren, die Zeit, die vor mir lag, so zu würdigen, wie sie es verdient hätte. Als ich jung war, hatte ich kein Geld, aber Zeit. Nun ist es umgekehrt.

Ein kleiner Einschub: Diese Zeilen schreibe ich im Berliner Café Einstein in der Kurfürstenstraße. Ich trinke gegen jede Vernunft bereits zur Mittagszeit einen Wein, und als ich gerade den ersten Schluck nehmen will, erreicht mich der Anruf des Verlags, dass ich bitte das Manuskript etwas früher abgeben solle – weil: »Man weiß ja nie.« Und nun frage ich mich erneut, warum alles, was früher und schneller ist, besser sein soll als spät und langsam?

Andererseits saß ich neulich nach einer Lesung in Gütersloh mit sehr netten Menschen zusammen, und es schien mir, als würde eine Art Wettbewerb laufen, wer die berühmte Unternehmerin Liz Mohn, die sozusagen die Königin dort vor Ort war, nicht nur am besten, sondern auch am längsten kannte. Die Dinge müssen schnell passieren, dürfen aber lang dauern. Das hat dann offensichtlich einen Wert. Sie sehen: Wir kommen aus der Zeitfalle nicht heraus.

Wenn ich meine Kladde mit den Zitaten durchblättere, merke ich in zweifacher Hinsicht, wie die Zeit vergeht, vergärt. Zum einen fand ich vor 40 Jahren Erkenntnisse Klügerer bemerkenswert, die ich heute eher überblättern würde, zum anderen hat meine Handschrift deutlich den Charakter gewechselt. Zu Anfang wirkte sie sehr um korrekte Leserlichkeit bemüht, kindlich, unerfahren, später dann deutete sie auf mehr Erfahrung hin, war dafür weniger gut lesbar.

Eine der ersten Eintragungen Mitte der Siebzigerjahre stammt von Joseph von Eichendorff: »Mir ist's nirgends recht. Es ist, als wäre ich überall eben zu spät gekommen, als hätte die ganze Welt gar nicht auf mich gerechnet.« Damals hatte ich noch einen Ozean voller Zeit vor mir und fand meinen noch nicht lang laufenden Lebensfilm treffend von Eichendorff beschrieben. Merkwürdig. Der junge Mann, der ich war, der überall rechtzeitig erschien, empfand sich trotzdem als ein stets zu spät Kommender. War ich jemals jung? Die Frage stellt sich mir immer wieder und wieder.

Sollte es ein Leben nach dem Tod geben, wäre es nicht unwahrscheinlich, dass es auch ein Leben vor der Geburt geben könnte. Den Eindruck habe ich bei mir. Ich hatte schon ein paar Tausend Kilometer auf dem Tacho als Baby. Alte Seele, vielleicht.

19.

Beim Geld hört die Freundschaft auf? Nein: Bei der Zeit tut sie das. Uisenma Borchu, die renommierte Regisseurin, Trägerin des Bayerischen Filmpreises, siedelte mit ihren Eltern als Kind von der Mongolei nach Deutschland um.

Ich fragte, was sie im Hinblick auf die Zeit in der deutschen Sprache am erstaunlichsten fand. »Die Formulierung ›Ich habe keine Zeit‹«, antwortete Uisenma Borchu. »Das kann man in die mongolische Sprache nicht übersetzen.« Heißt: Dort hast du immer Zeit. Endlos. Ganz anders bei uns.

Etymologisch hat das deutsche Wort »Zeit« eine verwandtschaftliche Nähe zum Verb »teilen« beziehungsweise »abteilen«. Es geht also um etwas, das messbar sein muss – zumindest in unserer Sprache, also auch in unserem Denken –, wie anders wäre sonst die Existenz des Begriffs »Zeitfenster« zu erklären? Ich habe in der Tat das Gefühl, ja, ich weiß, dass manche Menschen, die ich in meiner Jugend kannte, einen Teil meiner Lebenszeit mit sich herum-, also in sich tragen. Es sind Menschen, die ich selten bis gar nicht mehr treffe.

Ich betrachte uns gleichwohl als eine verschworene Gemeinschaft, die sich eines fernen Tages noch einmal, ein letztes Mal, zusammenfindet. An einem geheimen Ort im Süden. An einem langsamen Ort. Vielleicht kann ich Reinhold Beckmann davon überzeugen, etwas auf seiner Gitarre zu klimpern. Wir haben dann alle nicht mehr viel vor uns, aber wir wissen: Je mehr dir fehlt, desto reicher bist du. Ich freue mich auf dieses Rentnerfrühstück in Rimini, Fellini schenkt hin und wieder Wein nach.

Nicht dabei sein wird, so fürchte ich, eine Freundin, die ich 30 Jahre lang aus den Augen verloren hatte. Ich hätte sie fast nicht wiedererkannt. Aber nicht, weil sie älter geworden ist, sondern weil sie jünger aussehen will. Ein Gesicht ohne Spuren des Lebens. Anti-Aging sagte die Sängerin Ulla Meinecke sehr treffend, sei so intelligent wie eine Katzenklappe auf dem U-Boot. Von dieser Freundin habe ich Abschied genommen, schon bevor einer von uns stirbt. Ich nehme ihr übel, dass sie aussieht wie ihre Tochter, die sie gar nicht hat. Mit ihr hatte ich einst Sex ohne

Armbanduhr. Wir wollten nicht an die Stunden erinnert werden, die vergehen, während wir miteinander schliefen. Sie hat mir also damals nicht nur den Atem, sondern auch die Zeit geraubt. Ich habe es geliebt. Und heute will sie die Zeit stoppen, aufhalten. Die Zeit soll einen Bogen um ihr Gesicht machen. Mein Berliner Stammtaxifahrer würde sagen: »Die ist so geliftet, wenn die sich setzt, geht der Mund auf.«

Was es aber gibt, sind Orte, um die die Zeit einen Bogen macht. Suchen wir nicht alle danach, bewusst oder unbewusst? Das Pariser Bistro ist so ein Ort. Und der besagten Freundin habe ich diese mir damals fremde Welt zu verdanken. Sie war schon ein wenig weltläufiger als ich.

Ich war 23, es war Herbst, das Wetter schlecht. Wir hielten uns häufig in unserem billigen Hotelzimmer auf. Und wenn nicht, gingen wir rüber in ein kleines Bistro. Ich war fasziniert von den Gästen, die einander häufig gut und lange zu kennen schienen, aber sich doch mit einer gewissen Diskretion begegneten. Auf den Tischen lagen Bücher und Zeitungen, dem Wein wurde auch morgens schon in kleineren Mengen zugesprochen. Der Mann hinter dem Tresen ist eine Erscheinung, eine Autorität, einer, der um das Leben weiß. »Die Quelle der Zufriedenheit (der Gäste) besteht in einer harmonischen Verbindung von Zeit und Raum«, schreibt Marc Augé in seiner Liebeserklärung an das Pariser Bistro.

Noch heute ist mir ein Besuch in Paris unvorstellbar, ohne eines meiner Lieblingsbistros oder eine meiner Lieblingsbars aufzusuchen. Und obwohl ich nicht gut Französisch spreche, gelingt mir dort etwas, was ich in Deutschland nur selten schaffe, wenn man das Rheinland ausnimmt: die flüchtige, beiläufige Konversation mit fremden Menschen. Es ist wie ein Federballspiel, kein kampfbetontes Tennismatch. Man unterbricht sich nicht gegenseitig, sondern ergänzt die Konversation gelegentlich. Verliert sich nicht aus den Augen. Sucht nach einem neuen Aperçu, etwas, was den anderen vielleicht amüsieren könnte. Es sind Seelenverwandte, die einen dort umgeben. Und sie sind wie die Natur, die nicht wertet. Moralische Entrüstung in Abwesenheit des Betroffenen – undenkbar!

Ich schließe die Augen und denke an ein Gespräch mit einem Barkeeper. Wir bleiben in Paris. Ich weiß nicht mehr, ob es Harry's New York Bar war oder das Rosebud in der Rue Delambre (das ich Ihnen besonders ans Herz lege, weil der Laden so eng ist, dass man einem guten Gespräch schon rein physisch nicht entgehen kann). »Italian Girls« von Rod Stewart lief leise im Hintergrund, der Barkeeper scheuchte mich, wenn auch höflich, von meinem Hocker auf und bat mich, auf den danebenstehenden Platz zu wechseln, denn gleich – so gegen 18 Uhr – käme ein Stammgast, der jeden Abend einen Drink nähme und dann ginge. Das Besondere: Dieser Drink geht aufs Haus.

Pünktlich auf die Minute erschien dieser Mann, vielleicht Ende siebzig, dichtes graues Haar, graue Hose aus Flanell, die keine Bügelfalte mehr vertrug, weil der Stoff an dieser Kante bereits zu brüchig war, Sakko; alles war einmal sehr teuer gewesen, die Stoffe erste Qualität, jedoch mittlerweile abgetragen, abgewetzt. Gleichwohl duftete dieser Mann gut, er war eine »gepflegte Erscheinung«, wie meine Mutter gesagt hätte. Dieser Mann gab sein Geheimnis nicht preis, gleichwohl wir uns lange unterhielten.

Meinen Fragen nach seinem Schicksal hielt er stand, indem er José Ortega y Gasset zitierte: »Es wird immer schwieriger, die private, verborgene, einsame Existenz zu bewahren, die dem Publikum, der Menge, den anderen verschlossen ist.« Was würde er wohl heute, 30 Jahre später, diesbezüglich zu Protokoll geben? Wo ein jeder nur dann existiert, wenn er möglichst viel ins digitale Schaufenster stellt?

Er erzählte mir, dass er seine ganze Lebenszeit und sein ganzes Geld darauf verwendet habe, die Welt zu bereisen. Immerfort, ohne nennenswerte Pause. Und ihm sei aufgefallen, dass die Menschen die Zeit unterschiedlich »behandelten«. Nach seiner Erinnerung tanzen die Menschen in der Mongolei mit der Zeit. Sie umgarnen sie. Ob Uisenma Borchu das so bestätigen würde, weiß ich nicht. Es ist die Empfindung eines Franzosen, der dieses Land um 1960 bereist hatte. Er erzählte mir auch, dass er unheilbar krank sei und bald sterben werde. Er glaube aber, die einzige wirksame Waffe gegen seinen Krebs sei der Cardhu, ein schottischer Whisky. Es sei ein Zaubergetränk, mit dem man die Zeit dehnen könne. Er blinzelte mir listig zu, bevor er sich seinen ersten Schluck gönnte.

Ich wollte von ihm wissen, mit welchen Gefühlen er auf seine Lebenszeit zurückblicke. »Dankbar«, sagte er. »Ich habe in den Jahrzehnten als Reisender viele Freunde gewonnen, viele Freunde verloren. Ich habe Eindrücke ge-

sammelt und Begegnungen wie Champagner genossen.«
Es gebe auf der Welt keine Eisenbahn, in der er nicht ge-
sessen hätte, kaum eine Fluggesellschaft, mit der er nicht
geflogen sei. Er habe sein Leben langsam und vorsichtig
gestaltet. Und heute warte er heiter auf den Tod. Im Übrigen wisse er, dass die Trauergesellschaft nur aus dem Barkeeper hier und vielleicht einem weiteren Trinkkumpan
bestünde, aber auch nur dann, wenn dieser nicht vor ihm
stürbe. Er beneidete die Reisenden früherer Jahrhunderte,
verschlang deren Reiseberichte.

Er hätte gern in den Jahrhunderten die Welt bereist, in
denen es weder Telefon noch Mails gegeben hatte. Also
die Zeit, in der man davon hatte ausgehen können, dass
man auf Reisen Menschen begegnete, die man nie wieder-
sah, selbst wenn man es gewollt hätte. Man trennte sich
und war sich der Einmaligkeit dieses Aufeinandertreffens
bewusst. Heute könne man sich, wenn man wolle, immer
wiederfinden. Traurig sei das!

Ein Jahr später war der Mann tot. Ich habe es über einen
Stammgast erfahren, der mir erzählte, dass Maurice wohl
hin und wieder auch in der Bar übernachtete. Er habe prak-
tisch keine Wohnung mehr gehabt, lediglich eine kleine
Kammer über einer alten Parfümerie nahe der Basilika
Sacré-Cœur. Diese Parfümerie habe ihn die letzten Jahre
mit seinem Duft versorgt, den er nie gewechselt habe, ein
Leben lang nicht: »Acqua di Genova«, ein Duft, den 1853
ein gewisser Stefano Frecceri entwickelt hatte. Zunächst
war er wohl nur für das Königshaus von Savoyen vorgesehen. 130 Jahre später trug ihn dieser wunderbare alte

Mann als identitätsstiftendes Eau du Monde. In seiner Kammer, hinter den Flacons vor einem fleckigen Spiegel, klebte ein alter, gelber Zettel, auf dem stand: »Sail on my dreams, sail on my hopes.«

Es ist eine Anmerkung wert, dass 1853 nicht nur das »Geburtsjahr« dieses Duftes war – Frecceri gründete in diesem Jahr das Parfümhaus Acqua di Genova, sondern auch das Geburtsjahr von Vincent Willem van Gogh, einem Maler, der in seiner Lebenszeit sehr wenige Bilder verkaufte, weil der Zeitgeist ihn übersah.

Maurice, der ältere Herr aus der Pariser Bar, ging mir nie aus dem Kopf. Ein sensibler Weltbürger, ein gebildeter Reisender, einer, der den Abschied in seiner DNA implementiert hatte. Meine Frau wundert sich gelegentlich darüber, dass ich ein Leben lang alte Männer fotografiert habe, vor allen Dingen in Italien und Spanien. Ich weiß nicht, warum. Vielleicht weil sie das Leben hinter sich haben und dennoch heiter sind. Oder weil sie mir wie Cowboys ohne Pferd beziehungsweise Highwaymen ohne Truck vorkommen? Weil sie Verlierer sind, wie erfolgreich sie auch waren?

Ich suche auch immer wieder das Gespräch mit solchen Typen. Ich mag das Bild von Männern, die Feierabend gemacht haben. Die ihren Job erledigt haben, ihr Brett gebohrt. Ich weiß nicht, warum, aber sie, die viel zu erzählen, viel erlebt haben, bei denen sich Enttäuschungen und Triumphe – im Idealfall – die Waage hielten, sind wie Kinofilme für mich. Sicher war das Genre des Westerns für mich als vaterlos Aufgewachsenen deshalb auch so essenziell wichtig. Es ging mir nicht um Männer, die Karriere machten, sondern um Männer, die für etwas stehen (und nicht permanent quasseln wie in einem ZDF-Movie am Sonntagabend).

Als ich einmal auf dem Flughafen von Oslo eingeschneit war, saß neben mir ein sehr alter, aber noch sehr rüstiger Norweger. Wir kamen sieben Stunden lang nicht weiter, sodass eine gewisse fatalistische Ruhe im Terminal einkehrte. Der Norweger wollte wissen, wohin meine Reise gehe.

»Hamburg«, sagte ich. »Und Ihre?«

»Erst nach Stavanger, dann in die Ewigkeit.«

Diese ungewöhnliche Antwort verunsicherte mich. Ich hakte nach, was er damit meine. Nach einer längeren Pause erwiderte er, dass er in Stavanger seine Schulzeit verbracht habe. Heute lebe er in Trondheim. Und immer wenn er wieder in die Stadt seiner Kindheit komme – und auch nur dort –, trage er das Gefühl in sich, er sei ein Teil der Ewigkeit. Ob ich das verstünde? Er schaute mich skeptisch an.

Ich beteuerte, dass dies absolut der Fall sei.

Wenn ich ehrlich bin, verstehe ich es aber erst jetzt, seitdem ich mich dank Kafka und Shaw mit meiner Lebenszeit auseinandersetze! Ich hatte ihn damals angeschwindelt, ohne dass es mir bewusst gewesen wäre.

»Strike another match, go start anew, and it's all over now, baby blue«, sang Bob Dylan. Dieses Streichholz, das mir in der verbleibenden Zeit Licht gibt, möge lange brennen. Ich entdecke auf meinem langen Weg zurück zu mir die Langsamkeit. So habe ich es dem Leser, dem Verlag versprochen. Im Hinblick auf die noch (!) verbleibende Zeit habe ich begonnen, Menschen zu verabschieden. Nicht, dass ich ihnen etwas übel nähme. Ich möchte mit ihnen einfach keine Zeit mehr verbringen. Ich bin lieber im Alter allein als unter den falschen Menschen einsam.

Da, wo mich nichts mehr berührt, wo keine Brüche sind, kein liebevolles Nachfragen, da gehe ich. Da, wo Menschen glauben, durch passive Aggression Punkte machen zu müssen. Da, wo man versucht, mich ins Defizit zu setzen, da will ich nicht sein. Kürzlich bin ich das erste Mal in meinem Leben vor der Zeit gegangen: bei einer Einladung zu einem aufwendigen Abendessen im Hamburger Bürgertum. Ich konnte die Borniertheit des Gastgebers nicht ertragen. »Gute Nacht, Freunde, es wird Zeit für mich zu geh'n«, höre ich Reinhard Meys Zeile in mir klingen. Ich gehe in Zukunft wohl häufiger vor der Zeit. Ich gehe, weil ich nicht weiß, wie lange ich bleiben darf.

Kurze
Zwischenbilanz
auf einer
Waldlichtung

20.

Wenn ich ein Bild abrufen müsste, das meiner momentanen Lebenssituation entspricht, dann sehe ich vor mir einen Menschen, der auf einer Waldlichtung steht. Es ist ein Mischwald, die Sonne dringt durch die Äste, Vögel singen. Alles ist gut. Aber die Zeit sitzt mir im Nacken.

Bleibe ich auf der Lichtung, kehre ich zurück, oder gehe ich weiter? Wie verbringe ich die Zeit, die bleibt? Niemand wird mich davon abbringen, es so zu tun, wie ich es möchte, bevor Kafka und Shaw mich umbringen. Oder irgendetwas anderes.

Zu bleiben ist keine Option. Ich bin nicht der Mann, der irgendwo »verbleibt«. Die Zukunft interessiert mich brennend, betrifft mich aber im Jetzt nicht so sehr. Insofern werde ich die Lichtung nicht in eine unbekannte Richtung verlassen. Nein, ich gehe wohl zurück. In der Hoffnung, mir damit selber auf die Schliche zu kommen.

Finde ich den Pfad überhaupt noch, der mich auf diese Lichtung führte? Werde ich am Rande des Weges eine verräterische Spur erkennen, etwas, was mir bekannt vorkommt? Wie immer Sie das finden, ich mache das wohl jetzt. Ohne Ambition und ohne Ehrgeiz, der nach Oscar Wilde die letzte Zuflucht der Versager ist. Ganz konzentriert. Und der erste Gedanke, der mich leitet, ist natürlich der, mich an Menschen zu erinnern, die meine Zeit geteilt haben, die mit mir ein Stück des Weges gegangen sind. Verlasse ich also die Lichtung, die mir Schutz gibt? War sie nur ein weiterer Zwischenstopp?

Ein Schweizer Uhrmacher sagte vor einiger Zeit zu mir, dass du nur dann einen hochwertigen Zeitmesser bauen kannst, wenn du nicht unter Zeitdruck stehst. Ich habe ihn inmitten der Schweizer Alpen aufgesucht. Ein resignierter Mann, der den ganzen Tag damit beschäftigt ist, in einem staubfreien Ambiente Kostbarkeiten herzustellen, die er sich selbst nicht leisten könnte. Das Gebäude steht auf einem extra dafür gegossenen Betonsockel, damit eventuelle tektonische Verschiebungen die Präzision der Produktion nicht stören. Vulgo: Ginge die Schweiz durch ein Erdbeben zugrunde, würden die Uhren unverdrossen weitergebaut.

Aber, so fährt mein Uhrmacher mit tonloser Stimme fort: In Zeiten der Smartphones brauche ja ohnedies niemand mehr eine Uhr, es sei denn als Schmuck oder als Ausweis seines Wohlstands. Dass dieser Schmuck eine leicht verderbliche Ware misst, sagt er nicht. Brauche ich also eine Uhr, sei sie nun teuer oder nicht, für den Rückweg? Ich hatte kurz vor meinem Absturz, verursacht von Kafka und Shaw, doch auch keine Blackbox. Meine letzten Flugbewegungen wurden nicht aufgezeichnet, bevor mein Arzt »Mayday« rief.

Nein, auf technische Hilfsmittel verzichte ich, sobald ich den Rückweg antrete. Ich werde es machen wie ein Pyramidenforscher, der mit einem von ihm gespannten Faden zurück zum Ausgang findet. Aber was ist der Ausgang? Und was ist mein Faden? Woraus besteht er? Und sind die Eigenschaften und Fähigkeiten, die mich auf diese Lichtung geführt haben, geeignet, um mich auch zurückzubringen? Sieht der Rückweg anders aus als der Hinweg, weil die Perspektive sich verändert hat? Wohne ich bereits in verschiedenen Zeitzonen, so wie demnächst Europa ein wahrer Zeitflickenteppich sein könnte? Und wenn der Philosoph Gottfried Wilhelm Leibniz recht hat und die Zeit die Ordnung des nicht zugleich Existierenden ist, dann lebt diese Ordnung, besser Unordnung, auch in mir.

Sie sehen, ich sammle Kraft und Mut, bevor ich mich auf den Weg zurück mache. Allzu viele Spuren hat meine Person nicht hinterlassen, wohl aber meine Funktionen. Genau die interessieren mich hier aber nur am Rande. Meine Spuren sind ein Zopf aus drei Haarsträngen, ornamental verflochten, aus der Musik der Stones und Rod Stewart, aus Parfüms und Aftershaves und aus einem Buch (Sie kennen es ja bereits), in das ich seit 1975 Zitate eintrage, die mir gefallen, die mir aus dem Herzen sprechen. Verdichtete Sprache, die ich in der jeweiligen Lebensphase so selbst nicht hätte zu Papier bringen können. Und ja, ich will immer weiterschweifen, obwohl das Gute vielleicht so nah liegt. Goethe ermuntert mich zu diesem Weg.

Seitdem ich so
glücklich bin,
bin ich häufiger
traurig

21.

Dorothee. Meine Frau. Wie schreibe ich über einen Menschen, der mich vom Überleben ins Erleben gebracht hat? Ich beginne mit einem Autobahnrastplatz bei Kassel. Dort spielte eine Szene, die ich nach eigenem trügerischen Empfinden erlebte, obwohl ich nicht anwesend war. Meine Mutter verabschiedete sich auf diesem Rastplatz von ihrer großen Liebe, dem Journalisten Hans Eberhard Friedrich, bevor beide – nach einem wohl intensiven Wochenende – mit ihren Autos in unterschiedliche Richtungen fuhren. Immer mal wieder sprach meine Mutter lächelnd von dieser Szene, was mir mitunter unangenehm war, weil ich fand, dass mich das nichts anging. Was hat dieser Abschied, der Ende der Siebzigerjahre stattfand, mit Dorothee zu tun, die ich 2012 kennenlernte? Das tiefe Wissen um die Vergänglichkeit.

In den vergangenen Jahrzehnten habe ich immer mal wieder einen Zwischenstopp auf besagtem Rastplatz eingelegt und an meine Mutter und ihren Hans gedacht. Und es berührte mich immer wieder tief, dass von beiden nicht ein Staubkorn mehr übrig ist. Sie sind beide vergangen. Für immer. Und als ich wiederum Dorothee kennen- und lieben lernte, war mir sofort klar: Mit dieser Frau möchte ich mich der Vergänglichkeit entgegenstellen. Mit ihr könnte ich versuchen, die Zeit anzuhalten oder zumindest die Geschwindigkeit zu reduzieren, damit meine letzte Ruhe nicht die erste wird, die mir je widerfahren ist. Und falls das alles nicht gelingt, werde ich die Zeit bis zum Ende mit all meinen Sinnen erleben und immerhin aus dem gehetzten Überlebensmodus herauskommen. Genau dieses

Lebensgefühl setzt paradoxerweise exakt jetzt ein, wo ich das erste Mal wirklich mit dem Überleben befasst bin.

Warum habe ich diese große Liebe gefunden? Weil ich nicht nach ihr gesucht habe. Mit der Folge, dass ich, seitdem ich so glücklich bin, häufiger traurig bin. Weil es vergeht. Eines hoffentlich späten Tages.

Ich glaube im Übrigen, unser Blick auf Paare ist noch immer von Amor und Psyche sowie Adam und Eva geprägt. Der Mensch wird angeblich erst zum Menschen durch einen anderen Menschen. Unsere gesamte kulturelle Prägung, bestehend aus Märchen, Kinofilmen – »boy meets girl« heißt ein Genre des Films! –, Literatur und natürlich die Familie, presst uns in die Paarfalle. Es bedarf eines Paares, einer Paarung, einer Verbindung, um glücklich zu sein und die Vollendung im Leben zu finden! Diese These, von der ein ungeheurer Erwartungsdruck ausgehen kann, scheint mir gefährlich zu sein. Das führt dazu, dass viele Menschen lieber unglücklich zu zweit als glücklich allein sind. »Wenn du die Einsamkeit fürchtest, dann heirate nicht«, gibt der russische Schriftsteller Anton Tschechow dazu zu Protokoll.

22. Kürzlich war ich in London. Die Verabredung, die ich für den Abend getroffen hatte, nahm früher ein Ende als gedacht. Gott sei Dank. Kaum zurück im Hotel, schaltete ich den Fernseher an: Bei Bloomberg TV hatte der Moderator Charlie Rose in seine Talkshow

Warren Buffett und Bill Gates eingeladen, zwei der reichsten Menschen der Welt. Warren Buffett zeigte Rose seinen Terminkalender, in dem fast nichts stand. »I can buy almost anything but I can't buy time«, sagte er. Und Bill Gates ergänzte, dass er früher stolz gewesen sei, terminlich eng getaktet zu sein. Heute erscheine ihm das »sitting and thinking« wichtiger. Und er bedaure, dass so viele Manager und Chefs dies nicht beherzigen wollten oder könnten. Danach habe ich den Fernseher gleich wieder ausgemacht. Was soll denn noch Besseres kommen? Sitting and thinking. Dem stellt der Journalist Ulf Poschardt in der »Welt« vom 22. August 2018 die These entgegen: »Die Zukunft gehört den Schnellen.« Der Mensch sei frei, weil er zur Beschleunigung und Raserei fähig sei. Interessant, aber nicht mehr mein Lebensstil.

Meine Frau wiederum versucht, mich immer und immer wieder zur Meditation zu bewegen. Sie ist nicht vollkommen erfolglos. Warum ich mich überhaupt eine Weile gesträubt habe, liegt an dem eingebildeten Verlust der Kontrolle über mich. Während ich mich einer Meditation hingebe, habe ich immer das Gefühl, die Wachen meiner (eingebildeten) Burg liegen schlafend auf ihrem Lager und der Feind kann kommen. Das ist natürlich Unsinn, aber die Wahrheit. Nichts hat die Vernunft mehr zu fürchten, als dass man sich nicht auf sie einlässt. Ich lasse mich jetzt auf sie ein.

Mir imponierte vor Jahren ein Mann, den ich während eines Aufenthalts in Kalkutta lange beobachtete. Stellen Sie sich bitte Kalkutta im Sommer vor: Es sind über 45 Grad, und die Luft ist so schlecht, dass es einem den

Atem nimmt. Und mitten in dieser Stadt, die man ohne Übertreibung als stinkenden Moloch bezeichnen kann, steht ein sehr schlanker Mann, vielleicht zwischen 60 und 70 Jahre alt, sein schmaler Körper nur mit einem Tuch umhüllt, auf einer Verkehrsinsel und meditiert.

Tausende von Autos fahren um ihn herum, der Krach ist ohrenbetäubend, der Gestank vernebelt einem die Sinne. Es stört ihn offensichtlich nicht. Tag um Tag steht er dort. 24 Stunden vor meiner Abreise nehme ich mir ein Herz und gehe zu ihm.

Nach einer Stunde erst registriert er mich, und ich signalisiere ihm, dass ich gern eine Frage an ihn richten möchte. Es vergeht eine weitere knappe Stunde, bis er seine Exerzitien abbricht und mich fragend anschaut. Ich sage ihm, dass ich ihn gestern und vorgestern und den Tag davor beobachtet und auch bewundert habe. Ob seiner Energie, seiner Kraft... Er unterbricht mich höflich und erwidert, dass es kein Gestern gebe und auch kein Morgen. Nur das Jetzt. Dann lässt er mich stehen. Er ist an einem Gespräch mit mir nicht interessiert.

»Er bereitet sich auf die Fortsetzung seiner Reise vor«, sagt eine Stimme hinter mir. Ich drehe mich um und sehe einen Mann vor mir stehen, der sich ebenfalls der Meditation an dieser Stelle Kalkuttas verpflichtet fühlt. Aber dieser Mann ist etwas gesprächiger.

»Warum hier, an dieser lauten, stinkenden Kreuzung?«, frage ich.

»Warum hier nicht...«, kommt als Antwort.

»Und was bedeutet ›Fortsetzung der Reise‹?«, versuche ich, den Faden wieder aufzunehmen.

»Auf das Ende dieses Lebens, er hat seine Seele schon seit Langem vorangeschickt und wartet nun, bis sein Körper folgen darf.«

»Ich habe keine Angst vorm Tod. Ich möchte nur nicht dabei sein, wenn's passiert«, sagt Woody Allen und spricht mir aus dem Herzen. Aber helfen Ironie und Sarkasmus weiter? Nein. Wie will ich mit Kafka und Shaw die Jahre, die da kommen, ver-leben. Das Suffix »ver« setzen wir häufig in einer gewissen Hilflosigkeit vor Verben. Wenn es unpräzise wird, muss »ver-« ran. Ohne dass man sich ver-liebt, keine Liebe. Ver-nunft gibt es gar nicht ohne diesen Vorspann. Ohne dass man etwas ver-sucht, keine Suche und kein Finden. Und ich kann bis heute nichts Schlechtes daran finden, wenn man im Alter ver-lebt aussieht. Dann war da was..., bevor man ver-stirbt. Joseph Beuys hat meine Geburtsstadt Kassel sogar einmal ver-waldet. Mit dieser großartigen Kunstaktion brachte er 1977 den Wald in die Stadt.

Das finde ich gut, denn: Rieche ich einen Wald, geht es mir gut. Dieser Duft aus Holz, Laub und feuchter Luft ist für mich Therapie. Der Wald ist einfach meine liebste Umgebung, meine bevorzugte Landschaftsform, wahrscheinlich weil er mir seit frühester Jugend Schutz bot. Ich bin in Kassel am Stadtrand groß geworden und damit am Waldrand, der Bergpark Wilhelmshöhe lag nur einen Steinwurf entfernt. Wie selbstverständlich ging ich damals davon aus, dass jedes Kind meines Alters so einen Park zum Spielen zur Verfügung hat. Mir fallen der imposante Herkules ein, eine Kupferstatue, die auf einem Riesenschloss, einem Oktogon, steht, die Wasserspiele, die Löwenburg vor allen Dingen, von Landgraf Wilhelm IX. als künstliche (!) Burgruine errichtet. Es heißt, er habe sich dort mit seiner Mätresse zurückgezogen.

Gleich neben der Burg befindet sich ein barocker Irrgarten, in dem ich mich als Kind versteckte, als Jugendlicher knutschte und als junger Vater meinen damals noch kleinen Sohn Max verzweifeln ließ, weil er mich einfach nicht finden konnte.

Wenn ich im Wald meinen Gedanken nachhänge, dann brauche ich niemanden. Der Wald inspiriert mich, er hört mir zu und gibt mir eine Perspektive. Von der irischen Autorin Maeve Brennan stammt dieses Zitat: »Es gibt keinen Ort, der für mich Heimat ist. (...) Ich habe – und das ist es, was ich wirklich will – eine Perspektive.« Mir gibt der Wald diese Perspektive. Das Zusammenspiel der Geräusche, der Duft und der Blick in sonnendurchflutete Baumkronen ist für mich nicht zu steigern. Dorothee zieht die Wüste vor. Liebt man einen Menschen, versucht man, ihn zu verstehen. Hier gelingt mir das mit Bedauern nicht. Leider.

Dem Wald vertraue ich mich an, im Wald führe ich Dialoge mit mir selbst... Ich habe beispielsweise Kafka und Shaw den Wald gezeigt und sie bei dieser Gelegenheit gebeten, dass sie die Ruhe des Waldes auf sich abstrahlen lassen mögen. Sie können ihn ja nicht sehen, aber hören. Und der Sound des Waldes sediert mich. Hoffentlich die beiden auch...

Die Lebenden
von heute
sind die Toten
von morgen

23. Das Leben muss nicht halten, was ich mir von ihm versprochen habe. Das Leben hat nämlich nur versprochen, dass es ist. Shaw und Kafka haben mich gelehrt, auf die Sprache, die Redewendungen, die ich benutze, etwas genauer zu achten. Das Wort »Lebenserwartung« habe ich beispielsweise aus meinem Vokabular gestrichen. Ich habe es ersetzt durch »Lebenshoffnung«. Warum? Weil ich vom Tischler erwarten kann, dass er mir einen schönen Tisch baut, und er wiederum von mir erwarten kann, dass ich pünktlich die Rechnung begleiche. Aber ich kann nicht erwarten, dass ich lange lebe. Das erscheint mir anmaßend. Hoffen, ja, das darf ich.

Shaw und Kafka versuchen mit zunehmendem Erfolg, mich zur Muße zu erziehen. Das ist nicht einfach für mich, denn ich definiere mich über Arbeit, über Aktivität. Bisher. Ich möchte nützlich sein. Lese ich ein Buch, dann denke ich an die Möglichkeit, es zu verfilmen. Gehe ich durch eine mir neue Stadt oder Gegend, dann überlege ich, ob sie ein gutes Filmmotiv wäre. Treffe ich einen interessanten Menschen, dann frage ich mich, ob dieser etwas für die »NDR Talk Show« wäre. Oder – sofern es sich um eine Frau handelt – für meine Radiosendung »Meyer-Burckhardts Frauengeschichten« auf NDR Info. Hinzu kommt, dass das Tempo unserer Zeit und die damit manchmal einhergehende enge Taktung stimulierend auf mich wirken. Mich fasziniert, dass ich zu einer Generation gehöre, die den gesamten Planeten mit dem Flugzeug bereisen kann, die Mails rund um den Globus verschickt, die über autonomes Fahren nachdenkt. Ich kann mich begeistern über die

Fortschritte in der Medizin und bei der künstlichen Intelligenz. Ich betrachte es als ein Privileg, genau in der heutigen Zeit zu leben. Aber: Die Faszination, die der Fortschritt auf mich ausübt, hat auch etwas Rauschhaftes, gleicht einer Droge, die einen nicht ins Erleben kommen lässt.

In einer meiner ersten Talkshows war Hildegard Knef zu Gast. Das muss Mitte der Neunzigerjahre gewesen sein. Im ersten Gespräch, das wir führten, bekannte sie: »Ich habe sehr gut gelernt zu überleben, aber nicht gelernt zu leben.« Ich fühlte mich damals ertappt – und war genau darüber erschrocken. War ich doch glücklicher Familienvater und beruflich ganz gut im Rennen! Und dennoch hat mich der Satz der Knef »gestellt«. Sie hielt mir, ohne es zu wissen, den Spiegel vor. Dietrich Schwanitz beschreibt in seinem Buch »Männer – eine Spezies wird besichtigt«, dass wir in jeder Beziehung, in jeder Freundschaft den »Bündniswert« prüfen, Männerfreundschaften seien »Jagdgesellschaften«. Und so einer Jagdgesellschaft hatte ich wohl angehört, als ich mit der Knef sprach. Irritierend, verstörend.

Immer wieder kommen in mir die tektonischen Platten in Konflikt. Ich höre laut im Auto Queen und dann auch noch bezeichnenderweise »Under Pressure«.

Wochen später sitze ich auf dem Marktplatz von Pollença, außerhalb der Saison, und beobachte die, denen ich unterstelle, sie seien in ihrem Leben angekommen. Händler auf dem Markt, die alten Männer im Club Pollença, eine Mischung aus Pub, Galerie, Bar und Restaurant, die jungen

Frauen, deren Familien seit Jahren im eher ruhigeren Norden von Mallorca leben. Ich indes genieße es, vier berufliche Projekte parallel zu machen, und leide darunter, zu wenig Zeit für mich zu haben. Verlogen. Orientierungslos. Und sucht man Orientierung, dann sucht man sie überall und immer. Auch und gerade in der Kunst – ich zumindest.

»The Green Sail« ist ein Bild des Malers Paul Signac, der dem Pointillismus zugeordnet wird. Steht man nah vor dem Bild, sieht man wenig, entfernt man sich etwas, sieht man mehr. So empfinde ich gerade den Rückblick auf die Jahre, die da waren. Signac fühlte sich übrigens im Lauf seines erfolgreichen Lebens vom Anarchismus angezogen. In Saint-Tropez lebend! Auch so ein Mann, der Widersprüche in sich trug.

24. Ich höre zu oft, dass es früher besser war. Als wir jung waren. Jetzt sind wir alt. Ja. Mag sein. Jahrgang 1956 ist nicht mehr der frischeste. Ich finde die, die jetzt neu sind, weitgehend großartig. Ich habe den Eindruck, wenn ich beispielsweise bei »We Work« sitze, dass eine große Verantwortung auf diesen jüngeren Leuten lastet und sie damit sehr gewissenhaft umgehen. Während meine Generation sich mitunter wie gaffende Augenzeugen bei einem Unfall auf der Autobahn verhalten: Tempo reduzieren, zuschauen, jammern, weiterfahren.

»Die Lebenden von heute sind die Toten von morgen.«
Dieser Satz stammt von einem Wiener, kann nur von
einem Wiener stammen. Nicht von Helmut Qualtinger,
nein, ein Taxifahrer haute diesen Satz raus, als er mich
vor Jahren am Flughafen Schwechat absetzte. Wir nutzten
die Fahrt von der Wiener Innenstadt zum Flughafen für
ein Gespräch, erst über die »Jugend von heute« dann über
den Tod. (Darauf läuft es in Wien immer hinaus.) Der Taxifahrer hatte sich geärgert, weil ein anderer Autofahrer
sich aus seiner Sicht zu aggressiv verhalten, einen Fahrstil
an den Tag gelegt hatte, der ihn und andere hätte gefähr-
den können. Und ebendieser Taxifahrer dozierte dann ein
wenig vor sich hin und erläuterte mir seine Sicht auf die
Welt: Er habe auf Karriere verzichtet, weil er sein Leben
genießen wolle, nicht geheiratet, weil er zu große Nähe
nicht aushalten könne, keine Kinder, weil zu ungeduldig.
Stattdessen gönne er sich an seinen freien Tagen immer
dasselbe Gasthaus, danach einen Besuch in einem Etablis-
sement, wo man nett zu ihm sei, und anschließend unter-
nehme er noch eine kleine Runde über den immer selben
Friedhof. Das Essen, der Sex und der Tod. Das passe, aus
seiner Sicht, in Wien alles in drei Stunden.

»Worauf zu verzichten fällt Ihnen am schwersten?«,
wollte ich wissen.

»Auf den Spaziergang bei den Toten«, antwortete der
Mann mit großer Selbstverständlichkeit.

»Es lebe der Zentralfriedhof, und olle seine Toten, der
Eintritt is für Lebende heit ausnahmslos verboten«, sang
Wolfgang Ambros.

Mein Taxifahrer erzählte darüber hinaus von der Beerdigung eines Bekannten, die kürzlich stattgefunden und ihn beeindruckt hatte. Der nun Verstorbene hatte sich für die letzte Ruhestätte einen Friedwald, also keinen Friedhof, ausgesucht. Ich sagte ihm, dass die Existenz der Friedwälder für mich der schlagende Beweis sei, dass es nach dem Tod doch ein Paradies geben könne. Für die Ewigkeit im Wald zu sein, zwischen allerlei Wurzelwerk die letzte Ruhe zu finden – ziemlich gut.

Eines meiner Lieblingsbücher in der Kindheit war »Etwas von den Wurzelkindern« von Sibylle von Olfers. Diese Wesen, die ich als Fabelwesen in Erinnerung habe, erwachen im Frühling und ziehen mit ihren Freunden, den Käfern, in die Welt hinaus. Wobei Welt hier das Unterholz meint. Und wenn der Herbst kommt, dann ziehen sie sich wieder in die heile Welt ihrer Höhlen zurück. Ich achte oft im Wald genau darauf, wohin ich meine Füße setze, um ja nichts kaputtzumachen. Bewege mich sehr langsam. Das ist sicherlich auch der Lektüre der Wurzelkinder geschuldet.

Igor Strawinsky sagte: »Ich habe keine Zeit mehr, mich zu beeilen.« Je älter man wird, umso erotischer empfindet man die Langsamkeit. Oder das Empfinden für Zeit, für Tempo verändert sich. Ich habe kürzlich eine alte Folge von »Bio's Bahnhof« gesehen. Damals war es spektakuläre Unterhaltung, die Alfred Biolek machte. Einzug der Fernsehmacher und der Stars in ein Kölner Straßenbahndepot. Dauerte ewig. Ich fragte mich, wann die wohl endlich mit der Show anfangen würden. Das ist bemerkenswert: Mein eigenes Leben soll nun langsamer verlaufen, vergehen, aber beim TV-Entertainment werde ich ungeduldiger.

Projiziere ich in die Fernsehunterhaltung den Wunsch nach mich ablenkender Geschwindigkeit? Nach dem Tempo, das früher mein aktives Arbeitsleben dominiert hat? Das war die Zeit, in der ich so glücklich sein wollte wie die anderen, was schwierig ist, denn die anderen hält man stets für glücklicher als sich selbst. Die Karriere wirkt gelegentlich wie Flächenfraß. Wie bei der Stadtplanung: Das sanfte Grün weicht dem harten Stein, das Sinnlose dem Sinnvollen, das Spielerische dem Ergebnisbezogenen. »We work« statt »we live«.

»Ich selbst werde ja nicht älter, die anderen werden nur immer jünger.« Das hat Dieter Hildebrandt einmal in einem Interview geäußert. Ein schöner Satz. Und was kann ich diesen jüngeren Leuten auf den Weg mitgeben? Nichts. Die digitale Revolution mit ihren neuen Geschäftsmodellen verdrängt uns, macht uns überflüssig. Ich lerne von denen, die nachkommen, so gut ich kann. Sie nicht von mir.

Die Fahrt zum Mond jährt sich gerade zum fünfzigsten Mal. Die Ingenieure der digitalen Ära könnten heute das Raumschiff von 1969 nicht mehr nachbauen. Das Wissen der analogen Welt ist verschüttgegangen; es wird allerdings auch nicht sonderlich vermisst. Eine Disruption hat stattgefunden, die Protagonisten des analogen Zeitalters sind die Stummfilmstars der Gegenwart – nach Erfindung des Tonfalls freilich.

Umso mehr wundert es mich, dass ich immer und immer wieder nach den Siebzigern gefragt werde, wie das denn so gewesen sei, als die ganze Welt Richtung Frieden zu marschieren schien, als freie Liebe, freies Denken weit mehr als nur eine Utopie war. Der Soundtrack kam von Janis Joplin und Jimi Hendrix, und »Oppa«, also ich, sollte mal vom Krieg erzählen. Was können wir vielleicht von den 68ern lernen, ob wir nun jünger oder älter sind? Was ist deren Vermächtnis? Sicherlich nicht der Drogenkonsum, aber schon das Schwelgen, Leiden, Sichverströmen. Erst wer sich bewegt, bemerkt, dass er in Ketten liegt.

Für das Roadmovie, das dein Leben ist, brauchst du kein Fahrtenbuch. Du kannst Geld fürs Alter zurücklegen, aber nicht Zeit. Das Unvernünftige und Utopische bestimmte damals den Zeitgeist. Heute machst du dich damit lächerlich. Und das darf und kann nicht sein. Du kannst die Herausforderungen, die auf dich warten, nicht am Modell durchspielen, so wie es die Deutsche Bahn macht. Ja, Aachener Ingenieure spielen an einer 1,2 Kilometer langen Modelleisenbahnstrecke die täglichen Pannen, Störungen und Verspätungen im Schienenverkehr durch. »Das System ist zu voll, zu überlastet«, gibt Professor Nils Nießen der »Süddeutschen Zeitung« am 27. November 2018 zu Protokoll. Wie wahr. Das System ist überlastet. Kafka und Shaw erziehen mich dazu, mich nicht einem System zu beugen, sondern mich eher aus der Bahn werfen zu lassen. Zum Spuren braucht es keine Courage, zum Entgleisen schon. Manchmal gefällt mir lässig einfach besser als zuverlässig.

25.

Ich träume wieder mehr. Jahrzehnte konnte ich mich nur selten an meine Träume erinnern, schon gar nicht an Albträume. Bis auf die drei Ausnahmen, die Sie bereits kennen. Nun träume ich plötzlich die Vergänglichkeit in ganz unterschiedlichen Varianten. Das Aufwachen verbinde ich dann mit dem Stoßseufzer: Ich lebe noch! Gott sei Dank. Vor Kurzem träumte ich zum Beispiel, dass ich in der Berliner Paris Bar inmitten von bereits Verstorbenen ein Glas Wein nach dem anderen trank. Barbara Rudnik war da und Otto Sander. Sie schauten mir schweigend zu, sagten nichts. Irgendwann holte Otto Sander ein altmodisches Fotoalbum unter dem Tisch hervor, legte es vor sich, öffnete es vorsichtig und lachte dann laut, sehr laut. Barbara Rudnik wurde davon angesteckt, sie konnte sich nicht mehr halten. Nicht das Lachen weckte mich, sondern das Rascheln des Seidenpapiers zwischen den Seiten mit den aufgeklebten Fotos.

Der Schriftsteller Heiner Müller beschreibt die Berliner Paris Bar wie folgt: »Bis Mitternacht entspricht die Paris Bar, nach der Weltordnung Dantes, der oberen Hölle, die der Maßlosigkeit geweiht ist. (...) Die Folterknechte in der Uniform von Kellnern sorgen für den Brennstoff, der die toten Seelen heizt.« Das Merkwürdige ist nun aber, dass ich in der Paris Bar gar kein Stammgast bin. Ich gehe da sehr selten hin, weil es mir zu gestrig, zu selbstverliebt ist. Und die Beschreibung dieser »Traumhölle in Berlin« habe ich erst Monate nach (!) meinem Traum eher durch Zufall gelesen. Werde ich also im Traum so schöpferisch, so kreativ, wie ich es im Wachzustand nicht zu sein vermag?

Ein anderes Beispiel: Ich habe neben dem Bett stets einen Block und einen Stift liegen. Kürzlich wachte ich auf, sehr früh, lange vor dem Weckerklingeln, und schrieb folgende Zeilen nieder:

> *Staunend durchfließe ich mein Leben*
> *Durch ein Tal voll Pracht und Not*
> *Im Meer beginnt ein neues Leben*
> *Mit der Quelle wieder der Tod*

Diese Zeilen waren in mir, mussten raus. Ich habe nicht lange darüber nachgedacht, sie flogen mich an und ergriffen von mir Besitz. Und sie spiegeln meine seelische Verfassung ganz gut wider: Mein Lebens-ICE fährt Highspeed, hält nicht mehr überall, aussteigen geht nicht. Jimi Hendrix sitzt mit Joint im Führerhäuschen. Und die Dame mir gegenüber im Bordrestaurant trinkt grünen Tee und redet von Achtsamkeit. So kam also doch noch ein Albtraum dazu.

Der Fotograf Simon Walther hat ein fulminantes Fotobuch gemacht: »ZwischenSaison«. Er fotografierte die Alpen außerhalb der touristischen Hochzeiten. Aus der Perspektive der Hoteliers sowie Seilbahnbetreiber vor Ort schreibt Markus Maeder im Vorwort folgenden Satz: »Man müsste diese Tage (der Zwischensaison; Anmerkung des Autors) überspringen oder zumindest abkürzen können.« Reisende interessieren sich nämlich für Jahreszeiten, Touristen für die Saison. Gleichwohl: »Dieser Schwebezustand zwischen nicht mehr und noch nicht ...« Ist das nicht eine sehr gültige Definition von Leben: nicht mehr ungeboren und noch nicht tot? Und ich frage mich: Warum versprechen alle Religionen ein Leben nach dem Tod – bei angemessener Lebensführung –, aber kein Geistlicher, keine Glaubensgemeinschaft nimmt Bezug auf ein Leben vor der Geburt.

26. Gehe ich durch den Wald, verstehe ich, dass im Grunde in allen Kulturen zu allen Zeiten Bäume verehrt wurden. Buddha fand unter einem sogenannten Bodhi-Baum, einem heiligen Feigenbaum, seine Erleuchtung. Heilige Haine, heilige Bäume gab es bei den Slawen, Juden und Kelten. Insofern war ich als Kind empört, als mein Religionslehrer berichtete, dass der englische Missionar Bonifatius die Donar-Eiche, benannt nach dem germanischen Gott Donar und das wichtigste Heiligtum der Germanen, kurzerhand unter dem Schutz anwesender Soldaten fällen ließ, um zu beweisen, wie machtlos die germanischen Götter seien.

Diese Eiche hatte in der Nähe von Kassel gestanden, bei Fritzlar, spielte also schon aus heimatkundlichen Erwägungen eine gewisse Rolle im Lehrplan. Ich stellte die Frage, wie denn unser »lieber Gott« reagieren würde, wenn man den Kölner Dom, den ich kurz zuvor mit meiner Mutter besucht hatte, in die Luft sprengen würde. Gäbe es da irgendeine verlässliche Reaktion von oben? Der Lehrer war empört und blieb mir eine befriedigende Antwort schuldig.

Vielleicht ist das ein ganz guter Moment, um über meinen Glauben zu sprechen. Würde ich Albert Einsteins Satz »Wer wenig weiß, muss viel glauben« folgen, wäre das arrogant, weil ich eher mit Sokrates der Auffassung bin: »Ich weiß, dass ich nicht weiß.«

Ich würde gern glauben, kann es aber nicht. Atheist zu sein, erscheint mir wiederum absurd, weil das die Beweislast umdreht. Dann müsste ich ja belegen können, dass es keinen Gott gibt. Dies würde die Ewigkeit in Anspruch nehmen, die, wie wir (nicht nur) von Woody Allen wissen, ziemlich lang dauert. Nein: Ich bin Agnostiker. Ich nehme nicht an, dass nach meinem Tod noch Wesentliches passiert. Wenn doch: umso besser. Ich verweise noch einmal auf Immanuel Kant, der zum Ende seines Lebens die Frage stellte: Worauf darf ich hoffen?

Und nun schlage ich noch eine Brücke – und zwar von Kant zu Kerner: Ich bin von einer protestantischen Mutter, die in der Lutherstadt Wittenberg geboren wurde, erzogen und erfreulicherweise auch geliebt worden. Damit war einer Entertainment-Karriere im größeren Stil der Boden entzogen. Denn: Alle Entertainer der ersten Liga sind nun mal katholisch, zumindest ins katholische Milieu hineingeboren worden: Barbara Schöneberger, Thomas Gottschalk, Reinhold Beckmann, Johannes B. Kerner, Jürgen von der Lippe, Günther Jauch, Harald Schmidt und Ottfried Fischer. Ich frage mich, woran das liegt.

Machen Rituale Appetit auf Rock 'n' Roll? Ist das Spiel zwischen Sünde und Beichte Stimulans für Unterhaltung, fürs Entertainment? In katholisch beeinflussten Gebieten wird nachweislich besser gegessen, besser getrunken, und die Unterhaltung in den Gotteshäusern ist dort auch besser, weil sinnlicher. Die Katholiken sind wohl erfolgreicher im Gestalten des Diesseits und machen vielleicht dadurch Appetit auf das von ihnen kreierte Jenseits. Ein protestantisches Paradies möchte man sich ja nicht vorstellen.

»Weil du wusstest, Hubertus, dass du nie die Champions League für Entertainer und Moderatoren erreichen würdest, hast du dich wahrscheinlich schon sehr früh entschieden, Filme zu produzieren. Und da hast du, Hubertus, deshalb so viele Filme produziert, die Preise gewonnen haben, weil du damit die Demütigung als Moderator kompensieren wolltest.« Dies sagte eine Freundin einmal, nachdem sie meine Filmografie, die ja ganz ansehnlich ist, angeschaut hatte, und zwar nach meinem Waterloo in New York. Ich hatte dort für ProSieben eine Talkshow moderiert und produziert: das »River Café«. Der Sender hatte sich höhere Quoten versprochen und die Show nach drei Ausgaben aus dem Programm genommen. Die Häme der Presse hätte nicht schlimmer sein können.

Ich weiß nicht, ob die Freundin mit ihrer Analyse recht hatte. Das erscheint mir ein bisschen überpsychologisiert. Nicht alles ist kausal, und nicht jeder Kirchturm ist ein Penis. Nein, ich bin da eher spielerisch veranlagt, jemand, der sich der Zeit, die ihn umgibt, anvertraut. Und das hat ja erfreulicherweise funktioniert. Der flüchtige Flößer, wenn ich das Bild noch einmal verwenden darf, springt auf ein anderes Floß und überlebt. Es ging nie um etwas anderes als darum, zu überleben. Bis Dorothee den Raum betrat und sagte: »Nimm dich nicht wichtig, nimm die anderen nicht wichtig, es ist nichts wichtig.«

Der Kämpfer schaut sich um wie ein Erdhörnchen, kurz bevor es seinen Bau verlässt. Ungläubig staunend. Schöne neue Welt. Dass nichts wichtig ist, habe ich früher oft vergessen, werde aber heute dank Dorothee und Kafka und Shaw immer wieder daran erinnert.

Vor ein paar Wochen entdeckte ich bei einem Waldspaziergang eine Eiche, die, wie ein Schild verriet, etwa 200 Jahre alt war. Für diesen Baum würde ich sofort eine Religion gründen. Es macht mich froh, ihn zu sehen, wie sich seine Baumkrone im Wind wiegt und ab und zu ein Blatt zu Boden tanzt. Diesen Baum zu beobachten, wie er so unerschütterlich im Boden tief verwurzelt ist, das macht mich glücklich. Aber: »Das Wissen vom Glück bringt das Gegenteil hervor«, schreibt Peter von Matt in seinem Buch »Sieben Küsse«. »Das einzige Lebewesen auf dem Planeten, das vom Glück weiß, trägt diese Erkenntnis mit sich herum wie ein Messer in der Brust.«

Glück? Wir stopfen unsere Autos voll mit Assistenzsystemen – ein SUV wird zur rollenden Festung und nimmt so die drohende Endlichkeit nur noch über die Existenz des toten Winkels wahr. Aber wenn sich dort jemand befindet, dann blinkt ein Warnlämpchen auf. Sind wir (Deutschen) also dann besonders glücklich, wenn wir uns absolut sicher fühlen? Laut der »Wirtschaftswoche« vom

19. November 2014 gibt jeder Deutsche pro Jahr 2.219 Euro für Versicherungen aus. Der europäische Durchschnitt liegt bei 1.843 Euro. Der Buchautor Adam Fletcher, ein Mann, der in Neuseeland, England und Berlin gelebt hat, wird dort wie folgt zitiert: »Würde jemand eine Versicherung erfinden, die immer dann greift, wenn man gerade nicht die richtige Versicherung hat (insurance-insurance), würden 80 Millionen Deutsche vor lauter Glück tot umfallen.« Und wie wunderbar, dass es sogar eine Lebens(!)-versicherung gibt. Ironischerweise setzt sie unseren Tod voraus, damit jemand anders von den Einlagen, die Sie eingezahlt haben, profitiert.

Nährt das Verlangsamen des Lebenstempos die Illusion einer Lebensverlängerung? Diese Frage beschäftigt mich. Schon Goethe floh, wie er Charlotte von Stein schrieb, »dem Wuste des Städgens, den Klagen, dem Verlangen, der unverbesserlichen Verworrenheit der Menschen auszuweichen«. Und in der Einsamkeit schrieb er dann auf dem Kickelhahn bei Ilmenau »Wandrers Nachtlied«:

> *Über allen Gipfeln*
> *Ist Ruh',*
> *In allen Wipfeln*
> *Spürest du*
> *Kaum einen Hauch;*
> *Die Vögelein schweigen im Walde.*
> *Warte nur, balde*
> *Ruhest du auch.*

Das »Goethehäuschen« auf dem Kickelhahn bei Ilmenau; die Ruine des verfallenen Renaissanceschlosses Harbke bei Helmstedt, jahrzehntelang gefangen im Todesstreifen der innerdeutschen Grenze; Schloss Nennhausen im Havelland, wo sich einst E. T. A. Hoffmann, Wilhelm von Humboldt und Adelbert von Chamisso trafen; die Kirche von Pollença im Norden der Insel Mallorca – das sind für mich alles Orte im »Schwebezustand zwischen nicht mehr und noch nicht«, um noch einmal Markus Maeder aus dem Bildband »ZwischenSaison« zu zitieren. Und damit bilden sie meine Definition des irdischen Daseins vollkommen ab. Kaum ist man da, muss man ja doch schon wieder los, oder?

Ich lehne mich in jedem Fall häufig an die Mauer der Kirche von Pollença oder halte mich in der Orangerie nahe der Schlossruine in Harbke auf. Dann habe ich das Gefühl, die Steine dort atmen die Zeit ein und aus. Und wenn ich die Augen schließe, kann ich mich zurückversetzen in die Vergangenheit. Es gelingt mir, mir Menschen vorzustellen – ob hier oder in Berlin oder sonst wo –, die vor Hunderten von Jahren am jeweiligen Ort gelebt haben. Ich sehe ihre Physiognomie, beobachte ihre Körpersprache, höre ihre Stimmen.

Diesen Weg in die Fantasie wähle ich immer wieder, weil mich das sehr frei macht. Weil ich sicher bin, dass ich in 100 oder 200 Jahren genauso imaginiert werde für kurze Zeit von einem, der genauso imstande ist, seine Zeit zu verlassen.

27.

Mit meiner Kindheit im Rücken, ohne Vater aufgewachsen, den Mann im Haus schon als Junge gebend wie eine Rolle, das führte zwangsläufig dazu, Verantwortung zu übernehmen, zu viel vielleicht. Interessant ist, dass das Wort »verantworten« aus der Gerichtssprache kommt. Es bezieht sich auf den Angeklagten, der sich vor Gericht verteidigt. Verantwortung heißt also auch immer Druck, Stress. Ich musste schon sehr früh, und ich wollte das auch, Verantwortung übernehmen, bin Verpflichtungen eingegangen, die innerhalb eines bestimmten (Zeit-) Rahmens erledigt sein wollten. Ich führte zum Beispiel im Alter von 13 Jahren Kaufinteressenten durch mein Elternhaus – eine eigenartige Erfahrung –, weil meine Mutter und ich aus finanziellen Gründen in eine deutlich kleinere Wohnung ziehen mussten. Ich veräußerte diese Immobilie, das Haus, in dem ich die ersten Jahre meines Lebens verbracht hatte, erfolgreich zu einem guten Preis. Besitz ist vergänglich, war die frühe Lektion.

Das Thema Verantwortung führt mich auch zum Tod meiner Mutter. Ich will hier nicht allzu sehr in die Tiefe gehen, aber doch etwas berichten, was mir selber lange unangenehm und rätselhaft in gleicher Weise war. Ich hatte mit meiner Mutter ein wunderbares Verhältnis; sie war die beste Mutter, die ich mir hätte vorstellen können. Noch heute stehe ich immer wieder an ihrem Grab in Kassel und sage mit fester Stimme: »Danke, danke für alles.«

Dennoch gebe ich zu, dass ich nach ihrem Tod zwar trauerte, mich aber gleichzeitig wesentlich freier fühlte, weil ich mich nicht mehr in der Verantwortung sah, einer von mir zumindest empfundenen Erwartungshaltung gerecht zu werden.

Ich fühlte mich plötzlich unabhängiger und selbstbestimmt, sosehr ich sie auch vermisste. Ich war für niemand mehr Kind, mit Anfang fünfzig zum ersten Mal »Vollwaise«. Es hat mich tief beeindruckt, aber nicht geschreckt, vielleicht weil ich in der Rolle des Kindes eben immer zu viel Verantwortung übertragen bekam. Erst als ich für niemanden mehr Kind war, setzte eine Unbeschwertheit ein, die man eigentlich den frühen Lebensjahren zuordnet. Eine aufgeschobene Belohnung.

Als Kind hatte ich wohl die Fähigkeit entwickelt, ohne eine kleine anerkennende Belohnung auszukommen, um sie dann als Mann (auf der Schwelle zum Alter) umso größer zu erhalten. »Delayed Gratification« nennen das die Engländer, und so wiederum heißt auch eine Zeitung, die sich dem »Slow Journalism« verpflichtet hat. Das Besondere: News werden erst Wochen später gedeutet, eingebettet in einen historischen Kontext.

Mir geht es nicht anders: Erst mit Anfang sechzig kann ich meine Kindheit einordnen in den Kontext meines Lebens. Erst zehn Jahre nach dem Tod meiner Mutter kann ich die Verantwortung, die aus unserem (sehr guten) Verhältnis erwuchs, benennen. Als mein Vater weg war, begann meine Kindheit, freilich überfrachtet von Erwartungen an mich. Als meine Mutter starb, wurden auch diese Erwartungshaltungen Vergangenheit.

Meiner Frau habe ich kürzlich von drei Beobachtungen, drei Zeit-Erlebnissen, berichtet, die auf den ersten Blick nichts miteinander zu tun zu haben scheinen.

1. Als ich Schüler war, besaß ich ein Mofa. Es fuhr schneller, wenn der Tank fast leer war. Vermutlich, weil es dann leichter war. Mein Zeittank ist auch nicht mehr so voll. Eine Tankstelle, die ich anfahren könnte, gibt es nicht. Ich kann nur runterschalten, langsamer fahren, obwohl ich, wie damals mein Mofa mit fast leerem Tank, leichter bin, weniger Zeit habe. Würde die Zeit etwas wiegen, wäre in der noch verbleibenden Zukunft eine Diät nicht mehr erforderlich.

2. Keine Selbstverständlichkeit: Das Navi in meinem Auto empfiehlt automatisch die schnellste Verbindung zwischen zwei Orten. Die schönste Route muss man händisch einstellen. Warum ist es eigentlich nicht umgekehrt?

3. Ein Gedicht von Christian Saalberg: »Das war mein Tag. Bin aufgestanden, habe gegurgelt, habe mich rasiert, sah im Fenster, wie ein Geschoß vorbeiflog, das war die Sonne, das war mein Leben. Das ich noch einmal sehen kann, bevor morgen ein Stein meinen Namen trägt.«

Meine Frau mochte dieses Gedicht nicht, ich sehr. Sie möchte nicht an die Vergänglichkeit erinnert werden, ich schon. Als wir kürzlich unser Testament machten, dachte ich, dass ich zu viele Menschen kennengelernt habe, bei denen der letzte Wille der erste war, den sie in ihrem Leben äußerten. Das sind im Regelfall dieselben Personen, die etwas zu Ende bringen, weil dies wohl einen Eigenwert hat. Deutsch sein heißt, eine Sache um ihrer selbst willen zu tun. (Dieser Satz wird Richard Wagner zugeschrieben; gesagt hat er es so aber wohl nicht.)

Das Mofa, das Navi und Christian Saalberg werfen eine Frage auf: Kann ich mir der Zeit bewusst sein, die ich verbrauche? Oder ist das nicht möglich, weil wir nur räumlich denken können, die Zeit sich aber nicht in einen Raum zwängen lässt? Pflanzen sterben ab, wenn man ihnen keinen Raum gibt, Menschen leben ab. Der Sachverhalt ist derselbe: Nimm deine Lebenszeit ernst und dich nicht allzu wichtig.

Um das immer und immer wieder zu verinnerlichen, gehe ich in die Natur. Sie urteilt nicht, sie ist. Mehr nicht. Ich sammle oft Laub von verschiedenen Bäumen, aus verschiedenen Wäldern und streue sie auf meinen Balkon. Und dann schließe ich die Augen und versuche herauszufinden, ob das Laub unterschiedlich klingt, wenn es vom Wind durcheinandergewirbelt wird. In solchen Momenten erlebe ich als Großstadtmensch ein akustisches Paradies. Die Geräusche des Waldes vermischen sich mit dem Sound von Manhattan. Ist zwar nur Hamburg, aber meine Einbildungskraft darf man nicht unterschätzen. Meine Gedanken und Überlegungen gehen dann mit mir spazieren. Zum Beispiel: Kann das Muster, das rückwirkend betrachtet unser Leben zu strukturieren scheint, eine Hilfe sein beim Angehen dessen, was wir Zukunft nennen?

28.

Da wir uns von der fließenden Zeit kein Bild machen können, haben wir etwas hilflos den Begriff »Zeitraum« erfunden. Interessanterweise können wir uns, wie schon zuvor angedeutet, die Dinge nur nacheinander oder nebeneinander vorstellen. Mehr lässt unsere Vorstellungskraft nicht zu. Ist die Zukunft also ein Zimmer, in dem wir die Zeit parken können? Die alte Sehnsucht vom Stauen der Zeit und dass der Staudamm niemals überläuft. Und wie möblieren wir diesen Raum im Stundenhotel namens Leben? Richten wir ihn neu ein oder lassen wir alles beim Alten und verschieben, falls wir ganz mutig sind, das eine oder andere Kleinmöbel? Oder leihen wir uns Möbel? Ikea bietet das jetzt an. Für einen flüchtigen Moment passen die Möbel – und dann geben wir sie zurück wie ein Buch der Gemeindebücherei. Warum nicht?

Deutlich wird mir, wenn ich mich mit meiner Lebenszeit befasse, dass ich lange nach der richtigen Antwort gesucht habe, heute ziehe ich die richtige Fragestellung vor. Gleicht mein Leben einer Bergwanderung und ich schreibe dieses Buch, diesen Text während einer kurzen Pause und Jause auf einer imaginären Passstation? Liegen hinter mir die Struktur, die Disziplin, der Zwang, also alles, was für den Aufstieg erforderlich ist? Und vor mir das Chaos, das ich zulassen muss, dem ich vielleicht aber gar nicht gewachsen bin? Der Himmel über mir, über meiner Passstation gibt keine Orientierung. Die sogenannte Himmelsrichtung ist vielleicht nur ein hilfloser Versuch unsererseits, dem Unfassbaren, dem Unendlichen eine Ordnung zu geben.

Wenn ich hier von Aufstieg und Abstieg spreche, dann meine ich das nicht karrieristisch, sondern metaphorisch. Der Weg zu mir. Klingt trivial. Schwierig genug. Niederlagen waren mir stets willkommen, Siege indes auch.

Harald Schmidt wird der Satz zugeordnet: »Mit Menschen, die alles richtig gemacht haben, möchte ich eigentlich nicht meine Zeit verbringen.« Ich habe nicht immer alles richtig gemacht. Welches Möbel wünsche ich mir also für diesen Zeitraum, in dem ich die nächsten Jahre verbringe? Einen übergroßen Tisch, auf dem Bücher, Zeitungen, Stifte, Weinflaschen stehen. Die Ordnung auf diesem Tisch kenne nur ich. Und manchmal selbst ich nicht. Würde man diesen Tisch fotografieren, gliche er einer Landschaft. Nur für mich sichtbar stecken auf manchen Hügeln und Tälern kleine bunte Fähnchen, die strategische Punkte markieren. Und hab ich als Feldherr meines Lebens nun den Überblick über dieses weite Land aus Raum und Zeit? Ich weiß nicht, ob dieses Bild gänzlich stimmig ist. Ich weiß aber, dass ich mir an die Wand meines kuriosen Zeitraums ein Zitat von Karl Kraus hänge: »Das Chaos sei willkommen, denn die Ordnung hat versagt.«

29. Können wir vom Tod etwas lernen? Vor allen Dingen seine Unhöflichkeit, seine Radikalität. Er hat einen Karl Lagerfeld von der Bühne geholt, so wie es der Intendant eines Stadttheaters mit einem mittelmäßigen Darsteller macht, der das Attribut Schauspieler nicht verdient. Mitten in der Vorstellung. Er pfeift das Spiel ab, wann es ihm passt. Er knipst während der Fete, die wir Leben nennen, das Licht an und bittet zum Ausgang. Er nimmt den kurzen Weg. Sollten wir uns nicht umgekehrt das Leben, das wir als für uns passend erachten, greifen? Grab your life. Nimm, was du brauchst. Jetzt.

Mario Adorf sagte einmal, alles habe eben seine Zeit. Es gibt eine Zeit für Sex, eine Zeit für Arbeit, eine Zeit für Stille. Nachholen kannst du nichts. Und wenn Lagerfeld, wie er selbst sagte, versucht sicherzustellen, dass sich niemand an ihn erinnert, dann verstehe ich dies nicht als Koketterie. Lagerfeld sah sich selbst als eine Laune, eine flüchtige Stimmung, eine elegante Geste der Kultur, eine Fußnote. Dass er viel mehr war, müssen wir hier nicht diskutieren. Aber immer wieder entstand bei mir der Eindruck, wann auch immer ich ihn im Interview sah oder las, dass er sich über die Bedeutung, die ihm zugewiesen wurde, amüsierte.

Ein indischer Arzt, den ich in Kalkutta kennenlernte, beschrieb sein Leben als eine kleine Welle im Ozean. Mir ist diese Definition der eigenen Existenz sehr nah. Kafka und Shaw haben mich dazu erzogen, nicht mehr den Sinn des Lebens zu suchen, sondern dem Leben einen Sinn zu geben. Und es mag kein Zufall sein, dass Sinn und Sinnlichkeit eng verwandte Worte sind.

Wie lang mein flüchtiges, launisches Leben dauern mag, ist zwar eine Frage, die ich mir gelegentlich mit Zaudern stelle. Andererseits muss es nicht dauern, damit es wertvoll ist. Warum kommt uns alles erst dann gut vor, wenn es andauert?

Mein Rhythmus, mein Lebensrhythmus hat sich vollständig verändert. Obwohl noch zwei TV-Filme in der Pipeline sind, ich auf Lesereise bin, an diesem neuen Buch schreibe, eine Talkshow und eine Radioshow mache, habe ich plötzlich den Eindruck, dass der Tod näher kommt. Ich könnte dies sensibler formulieren, tue es aber nicht. Und weil dieses Gefühl kein Dauerzustand sein kann, habe ich beschlossen, eine Therapie zu machen. Die Traurigkeit, die ich manchmal in mir trage, rührt aus der Kindheit, und da muss ich ran. Wenn Sie bereits als Kind unter Zeitdruck stehen, durchs Leben hetzen, dann lernen Sie eben zu überleben, aber Sie lernen nicht, zu erleben!

Das Widersprüchliche an diesem Buch ist, dass, während ich schreibe – über die Zeit, wohlgemerkt –, die Zeit vergeht. Die Lebenszeit. Ich beobachte, was wir überhaupt alles anstellen, damit man uns nach dem Tod nicht vergisst. Viele von uns bauen sich Pyramiden, wenn auch im übertragenen Sinn. Wir benennen Straßen und Plätze nach Verstorbenen. Wir gründen Stiftungen, die an Verstorbene erinnern. In Wien gibt es kaum ein Haus – in Göttingen übrigens auch nicht –, in dem nicht mit einer kleinen Tafel daran erinnert wird, dass ein Dichter, Denker, Botaniker oder Dampfmaschinen-Erfinder hier einst wohnte, und sei es auch nur für wenige Monate.

Die Städte sind mit Denkmälern übersät. Für Feldherren, Komponisten, Monarchen. Und wenn's militärisch gut lief, wurde dafür auch mal ein Triumphbogen gebaut. Womit wir in Frankreich wären: Der Flughafen ist nach Charles de Gaulle benannt, das Kulturzentrum nach Georges Pompidou, und François Mitterrand eröffnete eine Glaspyramide, den neuen Zugang zum Louvre, am 29. März 1989. Unsterblich sein durch ein Gebäude ...

Aber diese Gedanken führen in die Irre. Das Wissen um meine Sterblichkeit lässt mich mein Leben überhaupt erst als kostbar empfinden. Ich lese zunehmend Todesanzeigen und verstehe nicht, dass man einem Verstorbenen hinterherruft, man bewahre ihm ein ehrendes Andenken, oder beschwört, er bleibe unvergessen. Da stimmt was nicht. Das ist eine Lüge. Unsere Lebenszeit wird nicht kostbarer, indem wir sie über unseren Tod hinaus zu verlängern trachten. Dies ist ein Trugschluss, vielmehr ist eines Tages Schluss, Feierabend! Und daraus ließe sich doch das Bedürfnis nach einem mutigen und unvernünftigen Leben im Hier und Heute ableiten. Oder?

30.

Während meiner Lebenszeit hat der Sport in der Berichterstattung einen ungleich größeren Stellenwert als beispielsweise die Wirtschaft oder gar die Kultur eingenommen. Ich glaube, der Sport hat unser Verhältnis zur Zeit in katastrophaler Weise beeinflusst: Wer geht am schnellsten durchs Ziel, wer hat in 90 Minuten die meisten Tore geschossen, wer springt am höchsten, am weitesten? Ich gehe in einen Kampf hinein und mit messbarem Erfolg wieder heraus.

Und schon sind wir in einer Denkschleife, die aus Fitness, körperlich und mental, Sieg und Niederlage, Triumph und Blamage besteht. Das Leben, das wir planen, muss, damit es sich planen lässt, messbar gemacht werden. Gottvertrauen ist nicht besonders professionell, das Land der besessenen Versicherungsnehmer sichert die Schwächen ab und erklärt das Siegen zur Religion. In der Pause machen wir uns mit dem DAX vertraut – ist er gefallen oder gestiegen? Die Berichterstattung vom Börsenparkett vermittelt jedes Mal den Eindruck, das Überleben des Kapitalismus stehe auf dem Spiel. Der Vollständigkeit halber sei auch noch auf das Wetter verwiesen, das heute kein Wetter mehr ist. Der Wind wird zum Sturm, der Schnee zur Schneewalze und der Sommer zur beängstigenden Dürre.

Ich befürchte allerdings, dass wir überhaupt nicht mehr in der Lage sind, Konzentration über einen längeren Zeitraum zu bündeln, wenn nicht das Wetter zur Show, der Fußball zum Showdown wird und die Wirtschaftsberichterstattung mit wöchentlich wechselnden Untergangsszenarien spielt. Damit die Kids ebenfalls möglichst schnell mit von der Partie sind, wird ein »Digitalpakt« angestrebt. Kein Mensch kümmert sich darum, was die Kinder lernen, wie viel Zeit sie mit beispielsweise schwierigen Texten und Aufgaben verbringen können, sondern vielmehr ist der Fokus darauf gerichtet, bloß nicht international abgehängt zu sein. Wir dürfen nicht zurückliegen, nicht k. o. gehen. Die Völkerfamilie wird in den Wettbewerb gedrängt und Politiker aller Couleur insistieren, dass wir als Nation auch weiterhin zur Champions League gehören müssen, und zwar auf den vorderen Plätzen.

Was hat dies alles mit der Lebenszeit zu tun? Diese Verehrung der Geschwindigkeit schafft den Tod ab – eine Illusion freilich. Eine Postkutsche, die durch die Prärie rast, wird von den Indianern nicht angegriffen, weil sie zu schnell ist. Mag im Wilden Westen stimmen, in unserem Leben nicht. Dieser unselige Zaubertrank aus sportlichem Wettkampf, Digitalisierung und daraus resultierender Taktung vermittelt uns das Gefühl, die Gesellschaft brauche uns auf ewig. Schließlich ist nächste Woche wieder ein Spiel, und das nächste Spiel ist immer das schwerste.

Und wenn du nicht aufpasst, stehst du eines Tages vor deinem Arzt, hörst aus seinem Mund eine wenig erbauliche Diagnose und reflektierst dann deine Lebenszeit als einen einzigen Wettkampf, der mehr oder weniger erfolgreich verlaufen ist; blöderweise wirst du zu früh vom Platz gestellt. Dabei hattest du doch alles durchdacht, alles anders geplant. Zu spät.

Vielleicht ist jetzt ein guter Moment für einen Liebesbrief an die Zeit. Warum schreibt man überhaupt Liebesbriefe? Man möchte auf sich als Liebender, zumindest Verliebter aufmerksam machen. Man möchte sich vielleicht, aus Sicht des heterosexuellen Mannes geschrieben, auch über das tiefe Gefühl zur Angebeteten im Klaren werden. Man möchte deren Aufmerksamkeit auf sich ziehen, ihre Gunst erwerben, sie gnädig stimmen, ihr ein Lächeln entlocken. Nun werden Sie vielleicht sagen, dass das alles nicht mehr in unsere Zeit gehört. Eine ausführliche Mail tut es doch auch.

Ja, mag sein, aber ich gebe zu bedenken, dass »sie«, die Zeit, nicht mehr jung ist. Und kann ich ihr überhaupt einen Liebesbrief schreiben? Kommt er an? Wird sie ihn auch lesen?

Und, viel wichtiger: Was ist, wenn Khalil Gibran recht hat und die Zeit nicht ein Fluss ist, an dessen Ufer wir sitzen, sondern wir selbst sind die Zeit und damit die Ewigkeit? Dann kann man die Zeit auf keinen Fall abschaffen. Die Bewohner der norwegischen Insel Sommarøy bemühen sich, ihre Region als erste zeitfreie Zone der Erde anerkennen zu lassen. Im Sommer, so argumentieren sie, gehe die Sonne knapp 70 Tage lang nicht unter, da verliere man sowieso jede Orientierung. Uhren seien überflüssig, insofern arbeiten sie daran, neben der Winter- und Sommerzeit die No-Time mit aufzunehmen. Kjell Ove Hveding, Chef der Initiative »Let's stop time«, kommt bereits seit sechs Jahren ohne Uhr aus. Daran, dass er es ernst meint, besteht kein Zweifel: Eine entsprechende Petition an das Parlament in Oslo ist unterwegs. Ich hätte diese Petition nie und nimmer unterschrieben, denn ich möchte weder meine Geliebte noch mich selbst abschaffen, doch das wäre ja dann die Absicht dahinter. Unvorstellbar!

Khalil Gibrans Satz würde auch bedeuten, dass sich der Liebesbrief an die Zeit an uns selbst richtet. Und das, da werden Sie mir sicherlich recht geben, ist schon sehr ungewöhnlich, ja, unerträglich eitel. Und: Wenn die Zeit, bevor ich geboren wurde, und die Zeit, nachdem ich gestorben sein werde, dieselbe ist, dann hieße das ja, dass ich immer bin. Verwirrend.

Bei einer Geliebten nicht ganz unwichtig ist darüber hinaus, ob man sich auf Augenhöhe begegnet. Verwaltet die Zeit uns, dominiert sie uns sogar, oder prägen wir sie? Altes Denken, das fällt mir zu dieser Frage ein. Es gibt kein Machtverhältnis zwischen der Zeit und uns, weil es gar kein Verhältnis gibt. Wäre ich unsterblich, würde ich die Zeit nicht bemerken und sie mich vermutlich auch nicht. Dann hätten wir so etwas wie eine gewöhnliche Ehe. Will ja niemand. Es ist vielmehr so, dass die Zeit, wie jede andere Frau auch, will, dass man ihr Respekt und Aufmerksamkeit entgegenbringt. Sonst kann man den Facettenreichtum ihrer Schönheit gar nicht gebührend wahrnehmen. Und wenn man das tut, dann tritt man auch in einen Dialog mit der Geliebten.

Die schlechte Nachricht: Diese etwas launische Zeit hat irgendwann von deinem alten Körper die Nase voll und widmet sich denen, die neu geboren werden. Es gibt leider keine Möglichkeit, dieses Verhalten grundsätzlich zu kritisieren, denn die Zeit bist du, und der, der dann geboren wird, auch.

Und so schreibe ich nun seit geraumer Zeit jeden Abend einen kleinen Liebesbrief an die Zeit, das Universum und damit auch an mich. Sie wissen schon, man bleibt zusammen, in guten wie in schlechten Zeiten.

In Norwegen, nahe Tromsø, sprach ich vor Jahren während einer Skandinavienreise mit einem Fährmann. Ich fuhr mit meinem Mietwagen von Nord nach Süd, genauer von Kirkenes nach Oslo. Gleich zu Beginn meiner Reise waren mir die vielen Fähren aufgefallen, die unverdrossen hin- und herpendeln, mal über längere, mal über kürzere Distanzen, bei jedem Wind, bei jedem Wetter. Der Fährmann, mit dem ich ins Gespräch kam, war dort oben in einem Fjord unterwegs – die Distanz zwischen den beiden Ufern betrug vielleicht drei Kilometer.

Sein Name war Frode, und er sprach erstaunlich gut Deutsch mit leichtem Frankfurter Akzent. Als er jung war, hatte er eine Weile in der Repräsentanz einer schwedischen Firma in Südhessen gearbeitet. Aber dann packte ihn inmitten der Frankfurter Hektik das Heimweh nach seinem Heimatland, nach der Stille, dem klaren Wasser, den hellen Sommern, aber auch nach den dunklen Wintern, in denen man sich Geschichten erzählt, die alle nicht stimmen, aber so stimmen könnten. Frode lächelte ein wenig. Dem Beruf des Fährmanns verdanke er viel, unter anderem auch, dass seine Ehe nach 20 Jahren noch hält. Er verwendete das Wort »taufrisch«. Ja, das sei sie noch, auch nach so langer Zeit.

Was das mit dem Beruf des Fährmanns zu tun habe, fragte ich vorsichtig.

Zwei Dinge erklärte Frode mir: Zum einen ist für ihn das Ufer, an dem er sich gerade nicht befindet, immer das schönere. Weil die Distanz den Blick gütiger werden lässt. Und weil für jeden Seemann, ob er nun eine Fähre lenkt, ein U-Boot oder einen Frachter, der Hafen, der vor ihm liegt, immer der schönste ist. Weil neu. Weil unbekannt. Jeder neue Hafen ist die Projektionsfläche für unerfüllte Sehnsüchte. Da er, wie seine Frau Solveig sagt, ein »Kasper« sei, habe er das ausprobiert.

Wie das?, bohrte ich nach.

Er bat Solveig, sich mit einer Tasse Kaffee an den einen der beiden Fährhäfen zu setzen, und zwar vor ein rot getünchtes Haus. Immer wenn er sie verließ, und wenn auch nur für eine gute Stunde, war er froh und glücklich darüber gewesen, mal etwas unbeobachtet zu sein. Denn wer wusste schon, was einen drüben, auf der anderen Seite des Sunds, erwartete. Dort angekommen, schaute er allerdings zurück und konnte nur mit großer Anstrengung das kleine rote Haus erkennen, vor dem Solveig saß. Und sofort packte ihn eine immense Sehnsucht, sodass er zusah, schnellstens mit seiner Fähre wieder den Rückweg anzutreten. Einmal sei er sogar geringfügig schneller gefahren, schneller, als das norwegische Gesetz es für eine Fähre vorsieht, erzählte er. Es habe aber niemand bemerkt. Gleichwohl: Seitdem hätten sie zwei wohnliche Holzhäuser, je eins an beiden Ufern, und würden mal gemeinsam, mal getrennt wohnen. Aber die Fähre hätten sie immer im Blick.

Ein Traum.

31.

Das Leben ist nicht gerecht, Krankheit und Tod machen keinen Abgleich mit Ihrem Terminkalender, bevor sie vorbeikommen. Kein »Ich freue mich auf ...« mehr, höchstens noch ein »Ich erinnere mich an ...«. Und dann stellt sich Ihnen erbarmungslos die Frage: Haben Sie Ihr Leben gefeiert? Gibt es genügend Erinnerungen, in denen Sie schwelgen können? Oder erlagen Sie zu oft der Versuchung, das Leben zu planen, von der Wiege bis zur Bahre? Aber: Wenn Sie mit den Füßen voran Ihr Haus verlassen, begeben Sie sich in die Hände anderer. Und dies kann durchaus dazu führen, dass Ihrer ewigen Ruhe Ordnungskriterien zugrunde gelegt werden, die Sie sich selbst in Ihren kühnsten Fantasien nicht hätten vorstellen können.

Zum Beispiel Francesco Petrarca: Der große italienische Dichter und Geschichtsschreiber wurde offensichtlich mit dem falschen Schädel (einer Frau) beigesetzt. Das fanden Forscher 2004 bei einer DNA-Analyse heraus. Eine Probe des falschen Dichterkopfs schickten Experten in die USA, um dort das genaue Alter feststellen zu lassen und zu erfahren, seit wann Petrarca mit dem falschen Kopf im Sarg lag. Der Dichter ist immerhin bereits 1374 verstorben.

Charmante Vorstellung: Wenn selbst der ewige Friede nicht planbar ist, sollten Sie es mit dem ewigen Leben gar nicht erst versuchen. Wenn Sie Pech haben, fährt das Auto des Beerdigungsinstituts auf dem Weg zur ewigen Ruhe mit Ihrem Sarg in eine Radarfalle. Selbst auf dem Weg zum Friedhof noch der Erste sein wollen... Vielleicht hätten Radarfallen am Lebensweg, an Ihrem Lebensweg zu Lebzeiten, ja geholfen. Nirgendwo sonst als auf den Straßen hält man uns von zu hoher Geschwindigkeit ab. Hier zeigt sich auch, wie viel uns Geschwindigkeit wert ist. Die Stadt München stellte mit einem einzigen Radargerät innerhalb eines Jahres über 80.000 Geschwindigkeitsübertretungen fest und nahm dabei geschätzt bis zu zehn Millionen Euro ein. Schnell anzukommen, wo auch immer, bedeutet uns also etwas, vielleicht ist uns ebenso wichtig, wenn man so will, nicht zu spät irgendwo wegzufahren.

Das Magazin »Cicero« hat mich vor Jahren einmal gebeten niederzuschreiben, wie ich mir meine letzten 24 Stunden vorstelle. Interessanterweise musste ich nicht lange überlegen. Ich wünschte mir ein Abschiedsessen mit engen Freunden in einem hessischen Hochwald, am liebsten nahe der Löwenburg bei Kassel, ein Abendmahl unter Baumkronen also. Meine Kinder, meine Dorothee, die Engsten der Engen – Stefan Hunstein, Mark von Seydlitz, auch Klaus Ebert, Mathias Döpfner, Markus Trebitsch – und sie alle intonieren meine drei All-time-Lieblingssongs von Rod Stewart: »When We Were The New Boys«, »Downtown Train«, »Gasoline Alley«. Die Tische biegen sich. Pasta und Wein. Lebensfreude.

Als ich dies schrieb, waren Kafka und Shaw noch nicht in mein Leben getreten, saßen nicht mit in der Runde. Als ich den Text verfasste, erschien mir der Tod fern und unbekannt. Jetzt kommt er mir entweder fern und bekannt vor oder nah und unbekannt. Je nach Tagesverfassung. In jedem Fall habe ich den Moment der Resignation auch hier, bei der Diagnose, verpasst. »Dass die Vögel der Sorge und des Kummers über dein Haupt fliegen, kannst du nicht verhindern, aber dass sie in deinem Haar Nester bauen, schon.« Dieses chinesische Sprichwort notierte meine Mutter einmal in meinem schwarzen Buch. Es ist der einzige Eintrag, der nicht meine Handschrift trägt, in den 45 Jahren, die mich dieses Buch begleitet.

Wenn die um mich Trauernden sich also eines Tages um eine lange, sich biegende Tafel setzen, sei es im Wald, im Innenhof der Löwenburg oder in Rimini, dann ist mir das ein angenehmer Gedanke. Und alle riechen gut, weil meine Frau ja meine nicht verwendeten Nischendüfte unter den Hinterbliebenen aufgeteilt hat.

Von besagter Löwenburg aus, die meine Kindheit begleitete, hat man einen wunderschönen Blick auf das Schloss Wilhelmshöhe, das die Gemäldegalerie Alte Meister Kassel beherbergt. Die holländische und flämische Malerei des 17. Jahrhunderts bildet einen Schwerpunkt. Ein Maler, mit dem ich mich dort immer wieder auseinandersetze, ist Franz Hals.

Woher rührt die menschliche Sehnsucht nach dem Ewigen? Ich stelle mir diese Frage immer und immer wieder. Meine Sehnsucht war meist auf den Moment fokussiert, auf die Kostbarkeit des Flüchtigen. Ein magischer Augenblick im wahrsten Sinne des Wortes kann beispielsweise zwischen zwei Menschen entstehen, wenn sich ihre Blicke treffen. Kürzlich stand ich wieder einmal vor einem Bild von Frans Hals. Es stammt von 1635 und zeigt einen jungen Mann mit Katze, so auch der Titel des Bildes.

Beim Anblick dieses Ölgemäldes auf Leinwand, nur 45,5 mal 43 Zentimeter groß, hatte ich wieder eine Gänsehaut. Die Augen des jungen Mannes erschienen mir wie zwei Fenster in die Vergangenheit – oder von mir aus in die Ewigkeit. Ist dieser junge Mann ein vom Tod Vergessener, ein Unsterblicher wie Raimondo Fosca in Simone de Beauvoirs Roman »Alle Menschen sind sterblich«? Fosca, dem Fürsten der italienischen Stadt Carmona, bietet ein Bettler einen Wundertrank an, der ihn unsterblich macht. Der Fürst willigt ein, ist ab sofort unsterblich und einsam. Alle Menschen verlassen ihn immer und immer wieder. Er bleibt stets allein zurück.

Der von Frans Hals porträtierte Mann war sterblich. Er ist tot. Man weiß noch nicht einmal, wer er war. Aber seine Augen leben. Ich trage dieses Bild in Form einer Ansichtskarte, die ich im Museumsshop vor Ort erworben habe, immer bei mir. Die Augen des jungen Mannes machen mir Mut, wenn der mich zu verlassen droht. Bevor ich beispielsweise das Krankenhaus für die regelmäßigen Checkups betrete, nehme ich mir das Bild noch einmal zur Hand. Und dann ziehe ich Kraft aus diesem Werk von Frans Hals, vielleicht weil es mir irgendwie zeitlos erscheint, nicht dem Verfall preisgegeben. Das tröstet mich.

32.
»Das war hier früher alles Feld.« Ich stehe im Krankenhaus Barmbek und sehe zu einem benachbarten Neubau. Hinter mir steht ein älterer Mann und versucht, mit diesem Satz, der für jede städtische Besiedlung weltweit gilt und damit wenig originell ist, mit mir ins Gespräch zu kommen. Warum setzen wir uns ständig ins Verhältnis mit der Zeit? Gestern waren wir noch jung. Ja. Und heute sind wir es nicht mehr. Und das Feld ist jetzt bebaut. So what?

Der Nachteil am Krebs ist, dass du dauernd an das Sterben erinnert wirst. Der Vorteil, dass du dauernd ans Leben erinnert wirst. Alle vier Monate bin ich in der »active surveillance«, dem Check-up. Überwacht wird, wie aktiv oder passiv Kafka und Shaw in den vergangenen 16 Wochen waren. Ich gehe mit weichen Knien ins Krankenhaus hinein und bisher guten Mutes wieder hinaus in die Freiheit. Wenn ich mit guten oder zumindest nicht schlechten Nachrichten in mein Auto steige, das in der Garage des Krankenhauses steht, um dann das Gelände zu verlassen, könnte ich die Welt umarmen, brüllen vor Erleichterung, schreien vor Glück. Nun habe ich allerdings einen Professor, der mir so sympathisch ist, dass ich eine gänzliche Heilung durchaus bedauern würde. Denn dann hätten wir nicht mehr die Möglichkeit zu einem kleinen Plausch übers Leben. Ich würde das vermissen.

Drei mögliche Wege, Kafka und Shaw in Schach zu halten, wurden mir von drei unterschiedlichen Ärzten aufgezeigt. Dummerweise könnten die Ansätze verschiedener nicht sein. Medizinische Details erspare ich Ihnen. Sofort operieren, später operieren oder gar nicht operieren und stattdessen alternative Medizin, Traditionelle Chinesische Medizin. Wenn ich Ihnen einen Tipp geben darf: Jeder Krebs ist anders, ich habe mit meinem durchaus Glück bisher. Gleichwohl: Sprechen Sie mit verschiedenen Ärzten und treffen Sie dann nach reiflicher Überlegung Ihre Entscheidung. Nehmen Sie die Krankheit nicht als Fluch, sondern als Chance. Ich beginne es spannend zu finden, die beiden verkapselten Geschwüre als Gleichnis zu sehen. Ich will nicht von meiner Art zu leben abweichen. Habe ich das Leben doch immer als amüsante Zumutung betrachtet. Es war Erika Pluhar, die mich darauf aufmerksam machte, dass in Zumutung der Mut steckt. Und mit Mut komme ich weiter, täglich.

Sich selbst die Frage »Warum ich?« zu stellen, führt zu nichts. »Warum ich nicht?« So geht's. Man kommt dann von der Verzagtheit zurück in die Kraft. Wenn ich traurig oder lebensfroh bin (also eigentlich immer), kaufe ich Düfte, Nischendüfte. Nicht das Zeug, das an Flughäfen in Massen zu finden ist. Ich hab es ja schon erwähnt: Düfte sind für mich wie ein Grundnahrungsmittel für die Seele. Und da spielt in meinem Leben die »Dönche« eine Rolle, die glücklicherweise heute noch Feld ist, genauer, ein großes Naturschutzgebiet mitten in Kassel, das wie eine Landzunge ins Stadtgebiet hineinreicht. Dort habe ich mich früher oft auf den nackten Boden gelegt, auf den Rücken, um in die Düfte der Gräser und Pflanzen abzutauchen und die Flugzeuge am Himmel zu beobachten. Hinzu kamen die Geräusche der nahen Konrad-Adenauer-Straße, ein sogenannter Autobahnzubringer mit nicht wenig Verkehr. Und genau diese sinnliche Mischung aus pflanzlichen Düften, den Abgasen der Motoren sowie den Jets weit über mir hat meine Fantasie angeregt. Ich habe mich lange gefragt, warum es kein Parfüm gibt, das ein wenig nach Benzin riecht, bis ich es fand: »Metal Hurlant« von Pierre Guillaume. Und die »mare«-Leute um Nikolaus Gelpke haben mit »Eau du Levant« einen Duft herausgebracht, der mich zumindest in zauberhafter Weise an einen Hafen erinnert, leider nicht an einen Flughafen.

Auf besagter Dönche hat sich übrigens gut zehn Jahre später Geza Schön getummelt, ebenfalls in Kassel aufgewachsen und heute einer der international erfolgreichsten Par-
fümeure. Neben »Molecule 01« hat er ebenjenen Duft »Eau
du Levant« für Nikolaus Gelpke, den Verleger der Zeit-
schrift »mare«, entwickelt.

Eine Affäre mit dem Jetzt

33.

»Ein jegliches hat seine Zeit, und alles Vorhaben unter dem Himmel hat seine Stunde.« Dieser Satz Salomos aus der Bibel hat mich immer geängstigt und getröstet. Mal so, mal so. Wir sind zu Beginn unseres Lebens Kinder, dann Eltern und Großeltern. Die Generationen verpassen sich. Wir kennen unsere Mutter nicht jung, und sie kennt uns nicht alt. Was gäbe ich dafür, noch auf eine Stunde bei einem Glas Wein mit meinem Großvater Hugo zusammen sein zu dürfen. Als er starb, war ich 16, zu doof für gute Fragen und zu ungeduldig, um zuzuhören.

Marcel Proust, der Autor des Buches »Auf der Suche nach der verlorenen Zeit« hätte als alter Mann meine Mutter an ihrer Wiege besuchen können. Er starb, als sie ein Jahr, einen Monat und 18 Tage alt war. Was wäre gewesen, wenn er meiner Großmutter, damals eine junge Frau, erzählt hätte von seinem Roman, der damit endet, dass er beginnt, ihn zu schreiben. Wäre sie imstande gewesen, ihm zuzuhören? Oder wäre sie ihm mit ihrem ganz guten Französisch über den Mund gefahren? »Nichts geschieht so, wie wir es fürchten, noch so, wie wir es hoffen. Aber alles geschieht, so, wie wir es wollen«, hätte meine Großmutter ihm nach einigem Zögern beigepflichtet.

Ich sehe mich in jedem Fall nicht am Ufer eines Flusses sitzen, und das Leben fließt an mir vorbei, sondern ich empfinde mich immer mehr und mehr als Teil dieses Flusses. Sonst hätte ich ja als Kind nicht versucht, die Drusel zu stauen.

Während ich diese Zeilen schreibe, ruft mich Ottfried

Fischer an. Wir haben eine ganze Weile zusammen »Pfarrer Braun« produziert. Er war zwei Jahrzehnte lang der ungekrönte Star des deutschen Fernsehens und spielte daneben den »Bullen von Tölz« bei SAT.1. Er schreibt gerade ein Buch, erzählt er mir, über Heimat. Lange habe ich wegen ihm kämpfen müssen: erst als Vorstandsmitglied bei ProSiebenSat.1 darum, dass er noch möglichst lange den »Bullen« spielt, später als Chef der Polyphon, die Produzentin dieser ARD-Reihe war, darum, dass er noch möglichst lange als »Pfarrer Braun« erhalten bleibt.

Heute sind wir all diese Funktionen los: Ottfried ist nicht mehr als Schauspieler aktiv, was seiner angegriffenen Gesundheit geschuldet ist, und ich bin weder Vorstand eines Privatsenders noch Geschäftsführer einer Produktionsfirma. Was bleibt von der Person ohne die Funktion?

Dieser Frage bin ich in meinem ersten Roman »Die Kündigung« nachgegangen. Einer Frage, die mich wirklich immer wieder fasziniert. Von Ottfried wird viel bleiben. Ein wunderbarer Mensch voller Humor und Herzenswärme, gelegentlich gibt er eine gute Portion Sarkasmus hinzu. Wir haben vereinbart, dass ich aus diesem meinem Buch in seinem Unterwasser-Theater in Passau lesen werde. Ich freue mich darauf, ertappe mich aber bei dem Gedanken, dass die Vereinbarung für eine Lesung, die realistisch in etwa eineinhalb Jahren stattfinden wird, die Zustimmung der Herren Kafka und Shaw bedarf. Ich hoffe.

Noch einmal: »Ein jegliches hat seine Zeit, und alles Vorhaben unter dem Himmel hat seine Stunde.« Ja. Aber genau das setzt mich unter Druck! Oder sollte ich sagen: setzte? Dieses Gefühl, diese Erkenntnis, dass manches vorbei ist, unwiederbringlich vorüber. Dieses Buch hier, mein fünftes, hat so etwas wie Scharniercharakter zwischen der Zeit, die war, und der Zeit, die bleibt.

Meine ersten vier Bücher, drei Romane, ein Sachbuch, habe ich mit zum Teil schlechtem Gewissen geschrieben. Du hast doch schon genug zu tun, sagte ich mir manchmal. Du führst eine Firma, du moderierst eine Talkshow ... Warum setze ich mich dem also aus? Früher sicher dem Gedanken folgend, dass man eine Offerte (eines Verlags) nicht einfach ablehnt. Das ist arrogant, ja, frivol. Und da kam auch das Kind in mir durch, das in sehr engen finanziellen Grenzen groß geworden ist.

Neben dem Produzieren und Moderieren zu schreiben, gab mir die materielle Sicherheit, die ich am Anfang meines Lebens zu keinem Zeitpunkt hatte. Noch heute habe ich immer zu viel Geld im Portemonnaie und zu viel Geld auf dem Girokonto. Nicht Zeit ist Geld, sondern – laut Heinrich Böll – »Geld ist Zeit«. Mein jetziges Buch über die Zeit schreibe ich mit der Muße, die ich in diesem Ausmaß früher nie hatte. Und ich sage Ihnen, das ist manchmal beängstigend. Im Grunde begleiten Sie mich nach Hause. Home before dark. Wobei das auch nur die halbe Wahrheit ist: Der Verlag fragt nach, wann das Buch denn nun kommt, ob es auch mindestens so und so viele Seiten hat, ob ich die Buchvertreter doch noch mal in München treffen kann etc.

Insofern bereitet mir das Buch, das sich nachdenklich mit meiner Lebenszeit auseinandersetzt, Kopfschmerzen und bisweilen schlaflose Nächte, weil ich – mal wieder – unter Zeitdruck stehe. Nennen wir es ruhig Stress.

Der Mensch ist nach meinem Kenntnisstand ohnedies das einzige Säugetier, das sich morgens, bevor es hell wird, vom Wecker wecken lässt (und abends, nachdem es dunkel geworden ist, noch eine Netflix-Serie reinzieht). 35 Jahre hat mich der Wecker gequält, und ich vermisse es nicht, dass das fast nie mehr der Fall ist. Aufzustehen, bevor es hell wird, ist eine Zumutung wohl für jeden von uns. Aber mit der einsetzenden Dunkelheit ins Bett zu gehen, dieses Privileg gönnen wir fast ausschließlich unseren Kindern, unseren kleinen Kindern. Das aber genau tue ich gelegentlich, wenn ich in unserem Haus in der Nähe von Pollença bin. Ein altes Haus versteckt, in einem winzigen Dorf am Berg liegend, Touristen verirren sich nur sehr selten hierher. Und dann komme ich mir wahnsinnig alt vor, sozusagen bereits dem Tod geweiht. Aber es macht mir Spaß, dann zumindest bis drei Uhr morgens zu schlafen.

Und schon springe ich aus dem Bett, setze mich an den Küchentisch, bekämpfe meine Dämonen, die sich sofort mit dem weichenden Druck einstellen. Und merke, ein Mann meiner Prägung kämpft immer gegen den Abstieg, nie um die Champions-League-Plätze. Es gilt immer, Schlimmeres zu verhindern, statt die höheren Weihen zu erhalten.

Als ich im Sommer 1979 durch Korsika trampte, sah ich im Hafen von Ajaccio ein riesiges Abflussrohr. Ich beobachtete, wie Fische mit geöffneten Mäulern vor diesem

Rohr, aus dem wirklich alles kam, nur kein Wasser, allen möglichen Dreck in sich aufnahmen. Gierig und betäubt. Heute frage ich mich: Ist der Druck die Droge, die wir brauchen, um zu überleben, so wie die Fische den Schmutz Korsikas? Ist Druck wie wilder Wein, der ein altes, marodes Gemäuer zusammenhält und seine Wunden bedeckt?

Das System spuckt dich aus, sobald du es verlässt. Menschen, die für große Firmen arbeiten, erzählen mir stolz, dass sie eng getaktet sind. Von wem? Ist das System der Komponist dieses Rhythmus? Und es betrifft alle Lebensbereiche. »Was ist, wenn sie ja sagt?«, fragt sich, um seine Manneskraft besorgt, der in die Jahre gekommene Lebemann, kurz bevor eine Affäre ihren Lauf nimmt. Mario Adorf wird dieser Satz zugesprochen.

34.

Der Künstler Michael Runschke stellt in einem seiner Bilder die Frage: »Wann hört man auf zu sein, wer man ist?« Wenn man nicht mehr gut riecht, nicht mehr »duftet« – dies war meine erste Reaktion, gespeist aus der Erfahrung eines längeren Krankenhausaufenthalts vor vielen Jahren.

»Wenn man fremdbestimmt ist«, erklärte mir neulich ein junger dänischer Unternehmer. »Ich möchte lieber ein mäßig erfolgreicher Unternehmer sein als ein sehr erfolgreicher Angestellter.«

»Wenn man die Gegenwart zugunsten der Zukunft und der Vergangenheit aus den Augen verliert«, sagte ein Freund aus Dubai. Er, der Araber, der in London studiert hat, stellte die These auf, dass du erst die Gegenwart für dich entdecken und erarbeiten musst, bevor du die Kraft hast, in unsichere Territorien aufzubrechen, um dich dann eines Tages dort sicher zu fühlen. Nur die Gegenwart gebe dir eine wirkliche Kraft, die weder Vergangenheit noch Zukunft bieten könnten.

Vielleicht liegt in diesen Worten ein wenig Pathos, das der arabischen Mentalität zugeschrieben wird. Doch das Leben im Jetzt führt auch bei mir zu einer größeren Durchlässigkeit und Empfindsamkeit. Ich habe die Vergangenheit im Gepäck und die Zukunft im Auge. Ich versuche, die Verweildauer auf diesem Karussell namens Leben möglichst auszureizen.

Insofern schlägt dieses Buch die schon erwähnte Brücke zwischen zwei Lebensabschnitten. Es konfrontiert mich mit dem Älterwerden. In den vergangenen zehn Jahren, also zwischen meinem 52. und 62. Lebensjahr, hat sich für mich mehr verändert als zwischen dem 22. und 52. Ich hatte bis Mitte fünfzig immer den Eindruck, der liebe Gott habe für mich bei den Themen Krankheit, Alter und Sterblichkeit eine Sonderregelung im Sinn. Kafka und Shaw belehren mich nun eines Besseren. Sie verstellen die Perspektive auf die Zukunft.

Eine Affäre mit dem Jetzt ist die zwingende Alternative zur Zukunftsplanung. Was macht denn eine Affäre aus? Unvernunft, Sinnlichkeit, zeitliche Befristung. Stimmt alles auch für meine neue Art zu leben. Vor zehn Jahren war ich irgendwie weder jung noch alt. Jetzt bin ich alt oder zumindest auf dem Weg ins Alter. Das ist spannend, angsteinflößend, weil endlich.

Es ist weniger die Angst vor dem Tod, die mich treibt, eher die Furcht, nicht mehr lange leben zu können. Und um das dann irgendwie in den Griff zu bekommen, mache ich Pläne für mein nächstes Leben. Bei einem protestantisch beeinflussten Pflichtesel wie mir sind das natürlich mehrheitlich berufliche Pläne. Ich möchte sie Ihnen verraten, angedeutet hatte ich es ja schon: Ich will Modeschöpfer (oder Parfümeur) werden, in Italien. Ich liebe den Gedanken, Männer wie Frauen elegant und lässig anzuziehen, und das im Wechsel der Jahreszeiten.

Damit sind wir wieder bei der Zeit, die vergeht. Denn ich würde in mein Sortiment auch erstklassig verarbeitete Totenhemden aufnehmen. Als jemand, der eine Erdbestattung bevorzugt, hasse ich den Gedanken, in kratzigem, unter Umständen qualitativ minderwertigem Stoff eingesargt zu werden. Als Kind schon bin ich oft eine Weile gut gekleideten Damen und Herren hinterhergelaufen, weil mir auffiel, dass gute und meist leider auch teure Stoffe im Sonnenlicht »anders fallen«. Sie spielen mit dem Sonnenlicht. Das ist zwar bei einem Totenhemd nicht das wichtigste Kriterium, aber manche Prinzipien braucht man ja nie fahren zu lassen.

Ich bin übrigens noch nicht so weit, dass ich mir eine Grabstelle ausgesucht habe. Das nimmt mich wunder, denn ich spaziere gern über Friedhöfe, vor allem in den Alpen.

In Norditalien gibt es ein paar Gottesacker, die ich mir vorstellen könnte, aber das ist zu weit weg von den mir nahestehenden Menschen. Da kommt einfach keiner hin. Und ich möchte schon, dass ab und zu jemand vorbeikommt, um mir eine Flasche Primitivo über das welke Haupt zu gießen. Post mortem kann ich ja auch da etwas liederlicher werden und muss mir das alkoholische Getränk im Januar und Februar nicht mehr versagen, was ich zu Lebzeiten mit wechselndem Erfolg getan hatte.

Bei dieser Gelegenheit möchte ich auch gleich zwei Grabsteininschriften erwähnen, die mich, so gänzlich unterschiedlich sie auch sind, wirklich beeindruckt haben. Denn sie zeigen mir, dass ich eines Tages neben meiner allerletzten Ruhestätte auf sehr interessante Nachbarschaft hoffen darf.

> *Gucken Sie nicht so doof.*
> *Ich läge jetzt auch lieber am Strand.*

Nach meiner Erinnerung auf einem Berliner Friedhof gesehen, mit Kreide auf den Marmor gekritzelt.
   Und auf dem Grabstein von Immanuel Kant in Königsberg steht:

> *Der gestirnte Himmel über mir und*
> *das moralische Gesetz in mir.*

Der Tod als meditative Übung, als gedankliche Herausforderung. Heute befinden sich die deutschen Bestatter im Würgegriff des westlichen Unterhaltungsbedürfnisses. Die Särge sind pink, Schnulzen gesungen von Andrea Bocelli kommen vom Band, und die tätowierten Hinterbliebenen kauen Kaugummi am offenen Grab. Die deutsche Friedhofsverwaltung muss sich plötzlich mit dem Phänomen der Ascheteilung auseinandersetzen – man hätte doch gern ein wenig vom verbrannten Verblichenen in einen Ring gefasst. Der Ringfinger des Erbnehmers als mobile Urne. Und der Vorsitzende des Bundesverbands Deutscher Bestatter weist am 23. Januar 2019 vormittags im Deutschlandfunk darauf hin, dass »die Ascheteilung der Beisetzungspflicht unterliegt«.

Ich selbst würde es befürworten, wenn man meine Urne oder meinen Sarg einem international operierenden Spediteur als Beiladung anvertrauen würde. Zu Land, zu Wasser und in der Luft unterwegs. Bob Dylan sei mir Vorbild, der seine Tournee die »Never Ending Tour« nennt. Ich wäre die Leiche mit der definitiv schlechtesten Klimabilanz.

Was mich wirklich bekümmert: Ich habe das Gefühl, mich noch immer von Ketten befreien zu müssen. Vielleicht von denen des Leistungs-Protestantismus. Ich war, wie gesagt, ein Pflichtesel, mein gesamtes Leben lang. Ich habe gern dafür gesorgt, dass es allen gut geht, und mich gelegentlich vergessen. Ich mache niemandem einen Vorwurf, denn ich habe mich freiwillig in diese Position begeben. Vielleicht sogar gern, weil ja der Versorger, Planer und Kümmerer die Kontrolle innehat. Und die übt er in der Überzeugung aus, dass niemand anderer es so gut hinkriegt wie er selbst. Dieser Ehrgeiz ist verblasst, verschwunden.

Die durchschnittliche Lebenserwartung eines Mannes, der wie ich 1956 geboren wurde, ist 84! Vielleicht werde ich 85. Dann blieben mir noch über 20 Jahre. Das macht mich irgendwie verrückt. Jetzt, wo ich endlich Zeit habe, bleibt mir unter Umständen weniger Zeit als gehofft.

Die erste Erkenntnis: Die Zeit vergeht, und ich will nach wie vor nicht ankommen, sondern irgendwie unterwegs bleiben. Kafka und Shaw lassen noch keine Tötungsabsichten erkennen, ich könnte also beispielsweise eine Affäre beginnen. Ganz schlecht, denn dann übernimmt meine Frau ohne jedes Zögern den Job von Kafka und Shaw und bringt mich um. Ein Nullsummenspiel. Obwohl mir Barbara Schöneberger neulich nach zwölf Jahren Freundschaft und Zusammenarbeit sagte, dass sie, wenn wir nicht endlich mal miteinander ins Bett gingen, sie nicht mehr wolle und ich nicht mehr könne. Das Schlimme ist: Sie hat recht.

Aber vielleicht beginne ich eine Affäre mit dem Jetzt... Ich dehne nicht wie der Big Chill das Universum, wohl aber die Zeit. Ich nehme mir nichts mehr vor, ich mache es. Ich verschiebe nichts, ich tue es jetzt. Ich ziehe los, meine Frau kommt mit. Zusammen mit Kafka und Shaw, meinen beiden Karzinomen, auf deren Passivität ich mich ja nicht auf

Dauer verlassen kann, konzentriere ich mich auf Herzens-
angelegenheiten.

Das Leben – ein Trip, ein Roadmovie? Es geht mir nicht
um Tage, über die ich in chronologischer Reihenfolge be-
richte, sondern es geht um Szenen, um eine Bilderfolge.
Und ich befürchte, ich muss einiges in dieser Welt immer
wieder neu bewerten. Darum möchte ich hier von einem
Abendessen mit meinem Freund, dem Philosophen und
Rechtsanwalt Heinrich Lübbert, auf Mallorca berichten.
Als ich ihm von diesem Buch erzählte, inspirierte er mich
mit zwei Einlassungen. Die erste: Jede Erinnerung ist eine
Vergegenwärtigung. Die Vergangenheit kann sich nicht
wehren. Sie ist kein »an sich«. Die zweite: Jede Reflexion
kommt zu spät. Die Reflexion kreiert keine Realität, sie
folgt der Realität. Für mich heißt das: Wenn der Bund zuständig für die Zeitbestimmung ist (kein Scherz), dann bin
ich zuständig für die Bestimmung meiner Lebenszeit. Ich
will nicht mehr unsterblich werden, um dann zu sterben.
Ich will nicht in meinen Filmen weiterleben, sondern, wie
Woody Allen es mal auf den Punkt brachte, lieber in meinem Appartement.

»Ich lebe in meinen Fantasien und Träumen«, sagte Erika
Pluhar. Das tue ich auch. Deshalb liebe ich Fotobände, denn
sie halten den Bruchteil einer Sekunde fest. Fotos besiegen
die Zeit. Und sie sind subjektiv. Dazu möchte ich Ihnen ein
Buch aus dem Göttinger Steidl Verlag ans Herz legen, das
Fotobuch mit dem Titel »Dr. Blankman's New York« von
Tod Papageorge. Der Fotograf lichtete in den Jahren 1966

bis 1967 Menschen auf den Straßen Manhattans ab, und beim Betrachter entsteht der Eindruck, die Fotos seien von letzter Woche. Jede Aufnahme ist der Beginn oder das Ende eines Kinofilms, der nie gedreht wurde, wohl aber dennoch in meinem Kopf abläuft. Auf dem Cover zwei Frauen, die sich unterhalten, die eine dreht uns den Rücken zu, die andere scheint mit den Augen etwas zu suchen. Sie wirkt auf mich, sagen wir, verzweifelt. Ein anderes Foto zeigt ein aufgegebenes kleines Geschäft, an dessen Schaufensterscheibe »J. Suski Religious & Gifts Store« steht. Es dokumentiert einen gescheiterten Lebensentwurf. Wo ist J. Suski? Hat er etwas Neues für sich gefunden? Ist er tot? Wer wird der Nachfolger sein, der seinen Mut zusammennimmt, um sich in dem Laden eine bescheidene Existenz aufzubauen oder es zumindest zu versuchen?

Im Nachwort schreibt David Campany, selbst Autor und Künstler, kluge Sätze: »But let us not forget that ALL photography involves delay. As soon as you take a photograph, it is history. (...) And if the picture was good, what does it matter if the delay was fifty seconds, fifty weeks or fifty years?« In diesem Sinne hat Tod Papageorge mir Zeitpakete aus der Vergangenheit geschickt.

Es gibt auch Fotos aus meiner Vergangenheit, die mich in den Sommer des Jahres 1981 zurückführen. Ich hielt mich mit Boy Gobert, dessen Regieassistent ich war, in dem Jahr im Burgenland auf. Mit dabei meine damalige Freundin Mona Seefried sowie deren Mutter, die Sängerin Irmgard Seefried, beides wunderbare Menschen. Die damals entstandenen Dias habe ich kürzlich digitalisieren lassen, die heutige Bildqualität lässt alte Zeiten wiederauferstehen. Augustinus sagte, für Gott ist alles Gegenwart. Für mich auch, wenn ich diese Fotos sehe.

Beim Betrachten der Bilder denke ich an meine beruflichen Anfänge am Thalia Theater 1979 in Hamburg und wenig später an den Staatlichen Bühnen Berlins. Zeit ist ein Rohstoff, und Theater ist »gestaltete Zeit«, Sie erinnern sich? Wenn du nicht an diesem einen Tag in dieser Inszenierung beziehungsweise Vorstellung warst, bist du zu spät dran. Theater ist immer jetzt. Hinten kommen die Schauspieler durch den Bühneneingang ins Theater und wir Zuschauer von der anderen Seite durch den Haupteingang.

Man trifft (!) sich in der Mitte. Und dann zählt es. Man verbringt Zeit miteinander. Und ich betone das deshalb, weil die Zeit mit dem Theater anders verfährt als mit dem Film. Andreas Hamburger, Professor für klinische Psychologie in Berlin, ist Verfasser des Buches »Filmpsychoanalyse«. Lassen Sie mich daraus zitieren:

Weil im Film Akteur und Publikum zeitlich und räumlich entkoppelt sind, reichen die formalen Möglichkeiten der Zeitgestaltung im Film weiter als im Theater... Denn jedes Filmbild wird vom nächsten überschrieben – man müsste den Film anhalten und rückwärts laufen lassen, um es noch einmal zu sehen (und dann wäre es nicht mehr derselbe Film, sondern der gleiche: Denn zum Filmerleben gehört wie zum Leben, dass man die Zukunft nicht kennt, aber vorausberechnet).

Berechne ich denn die Zukunft voraus? Sicher unbewusst. Das Gehirn greift auf Erfahrungen zurück und ermittelt auf dieser Grundlage Wahrscheinlichkeiten. Stehe ich vor einer roten Ampel, ist es sehr wahrscheinlich, dass sie bald grün wird. Aber darüber hinaus erziehen mich Kafka und Shaw dazu, mich mehr fallen zu lassen. Die Frage, die ich mir stelle, kompromissloser zu beantworten. Denn es wird eine Dernière geben, eine letzte Vorstellung. Und ich erinnere mich an Schauspielerinnen und Schauspieler, die auf der Bühne geweint haben, nachdem der letzte Vorhang gefallen war. Die Dernière ist ein kleiner Tod.

Wie schon vorher einmal erwähnt: Jede Erkenntnis kommt zu spät. Wann fängt man an aufzuhören? Darüber denke ich mit Ihnen auf den kommenden Seiten nach. Und wann hört man auf anzufangen? Das erleben Sie mit mir nicht.

Für mich ist der Inbegriff von Leben die flüchtige Begegnung. Ich wurde Produzent, weil mich die großen Begegnungen zwischen Menschen in den Kinofilmen meiner Jugend faszinierten. Interessanterweise standen diese Begegnungen, die meist aus irgendwelchen Gründen nicht sein durften, immer unter Zeitdruck.

Heute Morgen habe ich telefoniert: Einen Film, den ich fürs ZDF noch produzieren möchte, gebe ich vermutlich an einen Kollegen ab. Einen weiteren Film, den wir mit Veronica Ferres im nächsten Jahr machen werden, begleite ich nur noch als Berater. Ich gebe ab. Es ist faszinierend, an sich selbst zu beobachten, wie sich die Prioritäten ändern, sobald das Leben endlich scheint.

Es ist, als existierte eine unsichtbare Glasscheibe zwischen gesunden und nicht gesunden Menschen. Wenn mich jemand aufmuntern möchte, der durch eine ähnliche Krankheitserfahrung gegangen ist, dann spüre ich dies. Die Augen schauen anders. Die Stimmfärbung ist wahrhaftiger. Die Sätze suchen keine Orientierung in den hilflosen Formeln der angelernten Menschlichkeit.

Ohnedies verfeinern sich meine Sinne. Wieder. Früher haben wir im Wald, auf knisterndem Boden, gespielt: Ein Kind stand mit verbundenen Augen in der Mitte. Die anderen mussten sich anschleichen und dieses Kind kurz berühren. Zeigte es aber in die Richtung eines der sich anschleichenden Kinder, bevor es zur Berührung kam, musste der Ertappte in die Mitte und seine Augen wurden verbunden. Er war halt zu laut. Dabei war ich immer erfolgreich, mein Gehör unschlagbar, meine Fähigkeit, mich geräuschlos anzuschleichen, auch. Und so ist es geblieben. Ich bin ziemlich hellhörig – eine Voraussetzung für das Überleben – und ich verursache keine Geräusche, wenn ich durch eine Überraschung mein Ziel erreichen möchte.

Das wiederum hängt, mal wieder, sorry, mit der vaterlosen Kindheit zusammen. Ich wurde an Wochenenden oft von anderen Familien mitgenommen zu Wanderungen, ins Wochenendhaus, zum Baden und Ähnlichem. Sosehr ich mich darüber freute, so oft hatte ich aber auch die Sorge, das fünfte Rad am Wagen zu sein. Ich hatte immer Angst zu stören. Noch heute beginne ich jedes Telefonat mit den Worten: »Störe ich dich gerade?«

35.

»Wenn Mut sich lohnen würde, dann wären alle Menschen mutig«, pflegte meine Großmutter Christel zu sagen. Wie verdammt recht sie hatte. Else Lasker-Schüler erklärte ihrem Lebensfreund Gottfried Benn, dass die wichtigste Charaktereigenschaft der Mut sei, alle anderen Charaktereigenschaften seien dem Mut unterzuordnen. So zum Beispiel die Ehrlichkeit, zu der man zweifellos Mut brauche. Mut fällt mir dank Kafka und Shaw leichter. Ich kann nun etwas beenden, bevor mich der Tod beendet. Das empfinde ich als unglaublich befreiend.

Vielleicht sollten wir lernen, Spielregeln zu brechen. Da haben mich Kafka und Shaw natürlich motiviert, nicht länger zu zögern. Wobei der Begriff »Spielregeln« freilich trügerisch ist, weil er nahelegt, dass bisher alles ein Spiel gewesen sei. Und das können vielleicht die Wenigsten von uns behaupten.

Ich lebe mein kleines, fragiles Leben so, dass öfter mal die Zeit stillsteht. Das ist doch die interessante Formulierung, die wir wählen, wenn wir vom Inbegriff des Glücks sprechen. Dies wiederum widerfährt dem, der etwas unternimmt, das auch Risiken birgt, das auch schiefgehen kann. Dem Unternehmer (beruflich wie abstrakt zu verstehen) winken das Leben, das Glück und das Pech, nicht dem Unternehmensberater.

Wann ist denn ein Moment so schön, dass man sterben könnte? Wenn wir im Gleichklang mit der Umgebung leben, wenn wir etwas getan haben, was wir uns nicht zugetraut haben, wenn wir uns über die Maßen verstanden fühlen. Das setzt aber voraus, dass man die Sinnesorgane offenhält. Brechen Sie die Rituale, wenigstens für eine gewisse Zeit. Verlassen Sie Ihre Heimat. Mieten Sie sich mal zwei Wochen irgendwo in Turin, Toronto oder Tunis ein. Fahren Sie mal nach Kirkenes oder Kalkutta. Es kann doch nicht mein Leben sein, ewig in Geislingen an der Steige zu wohnen und seit 25 Jahren immer auf Sylt oder Spiekeroog zu urlauben! Meine Zeit geht rum, geht vorbei, und ich will nicht, dass ich am Ende bereue und hadere.

Vor einigen Jahren habe ich einen interessanten Mann zum Abendessen getroffen, der mit viel Enthusiasmus und Herz ein Altenpflegeheim führt. Und obwohl dort nur Menschen wohnen, die über einen gewissen Wohlstand verfügen, sind die meisten eher unglücklich mit dem Leben, das sie geführt haben, das nun hinter ihnen liegt. Der häufigste Grund ist, dass sie sich vorwerfen, in einer bestimmten Situation, die nicht mehr tragbar erschien, nicht den erforderlichen Mut aufgebracht zu haben, um etwas zu verändern. Hätte man doch den Ehepartner verlassen, die Stadt wechseln, sich dem Arbeitgeber, dem Chef entschlossen entgegenstellen sollen? Meine Mutter hatte beispielsweise eine Cousine, die als junge Frau Anfang der Fünfzigerjahre in die USA auswanderte. Sie selbst fragte sich ein Leben lang, warum sie diesen Mut nicht auch aufgebracht hatte. Mut ist das Überwinden von Angst. Und Mut wird zuweilen inflationär attestiert.

Die Kunstkritikerin Catrin Lorch schreibt am 23. Februar 2019 in der »Süddeutschen Zeitung« über die neue künstlerische Leitung der documenta in Kassel. Die indonesische Gruppe Ruangrupa ist für die Ausstellung 2022 verantwortlich und damit erstmalig ein Kollektiv statt wie bisher ein Individuum. Und natürlich spricht Frau Lorch von einem »mutigen Schritt«. Mag ja sein. Was mich allerdings hellhörig werden lässt: Die Kritiker, die aus dem geschützten Raum heraus schreiben, glauben, beurteilen zu können, was Mut ist. Mir ist mittlerweile zu schnell was »mutig«.

Was soll denn passieren? Wollen wir aufhören zu leben aus Furcht vor der Niederlage, die, zugegeben, ein schlechtes Parfüm ist? Mir geht es auf den Keks, dass bei jeder Preisverleihung in meiner Branche mindestens ein Laudator von einem »mutigen Film« spricht. Ich weiß nicht, was Mut in der Kunst zu suchen hat. Mut ist da, wo Menschen im richtigen Leben etwas riskieren. Wenn es nicht um Leben und Tod geht, dann habe ich Zweifel, ob das Prädikat »mutig« angebracht ist.

Mut brauchst du für einen Waldspaziergang bei Nacht, wenn es regnet und der Wind bläst. Sagen die, die dem Wald nicht trauen. Ich werde gleich, sobald ich dieses Kapitel beendet habe, durch einen nächtlichen Wald gehen... Der Mond scheint ein wenig, schickt sein Licht zwischen die Bäume hindurch. Manchmal, nicht immer. Oft versteckt er sich wieder hinter den Wolken. Dann habe ich Mühe, mich zu orientieren. Es ist laut, lauter, als ich dachte. Käuzchen rufen, aufgeschreckte Tiere ergreifen die

Flucht, Äste reiben sich im Sturm aneinander, Zweige fallen zu Boden, Laub wird aufgewirbelt. Auf einer kleinen Waldlichtung kann ich eine Bank für Wanderer erkennen. Ich setze mich auf das feuchte Holz, schließe die Augen. Ich höre einen Schuss. Ein nächtlicher Jäger ist unterwegs, glücklicherweise weit entfernt von mir. Ich bin nicht in der Gefahr, für Wild gehalten zu werden. Wobei: jetzt versehentlich erschossen zu werden, inmitten eines herrlichen Naturschauspiels. Besser als ein Ende auf einer Intensivstation zwischen lauter Apparaten.

»Das Schicksal ist vorbei – das Leben geht weiter.«

36.

Diesem Satz habe ich viel zu verdanken. Ich habe ihn aufgeschnappt in einem Zug von Florenz nach Kassel 1976. An meinem Gymnasium war es Tradition, ein Jahr vor dem Abitur Florenz und Rom zu besuchen. Wir befanden uns auf der Rückfahrt, noch ganz benommen vom Süden, von der mediterranen Lebensart. Im benachbarten Abteil unterhielten sich zwei Männer mittleren Alters. Einer der beiden beschrieb mit dem Satz die Lebenssituation seiner von ihm getrennt lebenden Exfreundin, die er wohl in einer eher kleinen Stadt zurückgelassen hatte, während er nun in einer Metropole zu Hause war. Das elektrisierte mich, mag der Typ auch noch so arrogant und selbstgefällig gewesen sein. Mich störte das damals nicht. Interessiert hat mich das Bild, das dieser Mann verwendete: dass man weiterleben kann ohne Schicksal. Furchtbar. Seitdem dieser Satz fiel, versuche ich, mir beziehungsweise meinen Wünschen und Bedürfnissen auf die Schliche zu kommen.

Dass mir das erst 40 Jahre später gelingen sollte, konnte ich damals nicht ahnen. Aber der Anfang eines sehr, sehr langen Weges war gemacht. Und das Ziel? Ja, braucht es denn überhaupt eines? Ob mit oder ohne – ich war sowieso stets in Eile. Ich habe das Kalenderblatt immer schon wenige Tage vor dem Monatswechsel abgerissen. Die Zeit verging mir eben in manchen Lebensphasen zu langsam; ich wollte sie hinter mir haben.

Ein Freund, dem ich von meinem Buch berichtete, regte kürzlich an, etwas über »langsame Landschaften« zu schreiben. Die Inselwelt Thailands, südlich von Koh Samui, sei so. Ich fuhr hin, blieb drei Wochen dort und musste ihm recht geben. Zumindest die thailändischen Inseln, die ohne Tourismus auskommen dürfen, sind entschleunigte Landschaften. Orte, die aussehen, als wären sie aus einer göttlichen Laune heraus entstanden, bisher nicht von Menschenhand zugrunde gerichtet.

Oder die Sky Road, die aus dem irischen Clifden hinausführt, in die menschenleere Weite dieser Landschaft, darunter das schäumende Meer. Vereinzelt stehen Häuser an der Straße, jeweils weit voneinander entfernt. Die Iren suchen nicht die Nähe, sondern die Entfernung, nicht das Tempo, sondern die Gemächlichkeit. Die Landschaft hat sie geprägt, erzogen. Sie fügen sich darin ein, zollen ihr Respekt, vergewaltigen sie nicht. Keine »beleidigten Landschaften«, würde Werner Herzog sagen.

Gleichwohl gibt es langsame Orte inmitten von Getümmel. Vor dem Wiener Stephansdom wurde mit farbigen Steinen der Grundriss der Virgilkapelle nachgebildet, einer Kapelle aus dem 13. Jahrhundert, die in den Siebzigerjahren durch den U-Bahn-Bau wiederentdeckt wurde. Wenn Sie sich mit geschlossenen Augen auf diesen Grundriss stellen, spüren Sie die Magie der etwa zwölf Meter unter Ihren Füßen liegenden Kapelle. Plötzlich ist Ruhe da, obwohl Sie der Lärm umgibt.

»Willst du immer weiter schweifen? Sieh, das Gute liegt so nah.« Dieses berühmte Goethe-Zitat sprang mich dort regelrecht an. Und je mehr Zeit ich in solchen langsamen Landschaften und Orten verbringe, umso dringender stellt sich mir die Frage nach der Unendlichkeit des Universums und der Endlichkeit der Welt. Wann geht sie unter? Manche Wissenschaftler prophezeien ja den Big Chill. Dieses für junge Leute etwas irreführende, weil verführerisch klingende Phänomen beschreibt die Ausdehnung des Universums bis in alle Ewigkeit. Selbst schwarze Löcher würden dann irgendwann verdampfen. Und jetzt kommt's: Durch das Fehlen von Ereignissen in einem solchen Universum würde selbst die Zeit an Bedeutung verlieren und verschwinden (!), sagen ebendiese Wissenschaftler. Für viele Menschen wäre das ein Albtraum, wenn sie denn nach dem Big Chill überhaupt noch existieren könnten, was definitiv nicht der Fall sein wird. Aber lohnt sich der ganze Spuk, den wir auf Erden anstellen, dann überhaupt?

37.

Das einzige Ziel, das ich mir gesetzt habe – und damit komme ich zurück auf die CD von Neil Diamond –, ist, zu Hause zu sein, bevor es dunkel wird. Home before dark. Und insofern schließt sich ein Kreis. Meine Mutter wollte, dass ich zu Hause bin, wenn das 18-Uhr-Läuten der benachbarten Christus-Kirche ein Ende gefunden hatte. Wenn auch außer Atem, habe ich das fast jedes Mal geschafft. Hat sich daran etwas geändert? Zwischenzeitlich sicher, heute jedoch, mit Anfang sechzig, kommt mir die Szene sehr bekannt vor. Sie läuft vor meinem inneren Auge ab wie ein Film. Aber was ist heute mein Zuhause, my home?

Mein Elternhaus mit dem Garten gibt es schon lange nicht mehr, Kassel ist mir fremd und vertraut zugleich. Immerhin wohne ich dort seit 1977 nicht mehr. Ist die Heimat meine Sprache, meine deutsche Sprache, die ich liebe? Ist es ein Ort, ein Mensch, ein Gefühl, ein Geruch? Wo will ich hin, wenn es mich nach Hause zieht?

Kafka und Shaw haben nicht nur meine Prioritäten durcheinandergewirbelt. Sie haben sich auch meine Talente zur Brust genommen. Manches kann ich heute besser, manches nicht. Ich konnte zum Beispiel immer gut allein sein. Ich genoss das, so ein Wochenende ohne jede Ansprache. Am Samstagmorgen ging ich in meine Buchhandlung, kaufte mir wie immer zu viele Bücher, dazu noch die »FAZ«, »Süddeutsche« und »Die Welt«, manchmal noch die Magazine »mare« und »Rolling Stone«, um dann bis Montagmorgen nicht ansprechbar zu sein. Dazu noch ein guter Rotwein, etwas Käse – fertig war die Laube.

Diese Zeit ist vorbei. Bin ich allein, merke ich, dass ich kein Zuhause habe. Ich vermisse dann meine Frau, glaube dennoch, dass ein Ehepartner kein Zuhause sein kann (und auch kein Therapeut). Ich suche mehr und mehr einen Ort, an dem ich durchatmen kann. Das gelingt mir in Südeuropa ganz gut, auf den schon zitierten Marktplätzen, beim Espresso oder Wein. Ich gehöre da aber schlussendlich nicht hin. Italien macht mir Sorgen, seitdem sich die Menschen dort entschlossen haben, nur Leute zu wählen, die das politische Klima vergiften. Mein Italien gibt es nicht mehr. Bei Pollença, also Spanien, bin ich mir nicht sicher. Mir fällt es schwer, die Sprache zu lernen. Ich mag sie auch nicht sonderlich, sie hat für mich etwas Abweisendes. Wohlgemerkt die Sprache, nicht die Spanier selbst.

Wo will ich hin, wenn es mich nach Hause zieht? Diese Frage stellen mir Kafka und Shaw immer und immer wieder. Gerüche? Ja, früher den der Ahlen Worschd, eine Wurstspezialität aus Nordhessen, die dann gut schmeckt, wenn sie mürbe ist. Ich ging, wenn ich in Berlin war, oft ins Kaufhaus des Westens, um in der Lebensmittelabteilung an dieser hessischen Wurst zu riechen, wie ein Süchtiger kam ich mir vor, und ich benahm mich auch so. Sofort plagte mich heftiges Heimweh, und ich hätte mich am liebsten in den nächsten Zug nach Kassel gesetzt. Vorbei. Ich bin, wie Sie vielleicht wissen, mittlerweile Vegetarier, zunächst aus gesundheitlichen Gründen, später mit Vergnügen. Dieser Duft taugt nicht mehr als Transmissionsriemen.

Wie fällt die Bilanz also aus, nach dieser langen Zeit, nach diesem mitunter auch mühsamen Leben, in dem ich mir Heiterkeit auferlegt habe, teils aus Höflichkeit gegenüber den anderen, teils aus Rücksichtnahme auf mich? Ich wollte mir schließlich nicht selbst auf die Nerven gehen.

Wir verbinden mit Menschen und Plätzen eine Zeit, ein Zeitfenster. Die Orte, an denen ich war, die Menschen, mit denen ich meine Zeit dort verbracht habe, sind Geschichte. Manchmal winkt noch einmal jemand durch so ein Zeit-fenster, dann aber wie aus einer anderen Welt.

Da ich, eher unbewusst, dazu neige, Brücken hinter mir abzubrechen, komme ich, weil die vergangene Zeit verbraucht zu sein scheint oder ist und die künftige Zeit durch Kafka und Shaw infrage gestellt sein könnte, immer mehr in der Gegenwart an. Dies bedeutet, dass das Ziel an Bedeutung verliert, weil es immer mit der Zeit, die es zu investieren gilt, einhergeht. Genau dies hat mich immer an meiner Arbeit für die Sterbehospiz-Bewegung interessiert, ja, fasziniert: Die Gäste, die dort nur noch für kurze Zeit leben (dürfen), können sich auf den Moment, auf das Jetzt einlassen wie auf ein gutes Glas Champagner. Aber ist das Jetzt eine Heimat? Welche Zeit hat mir, meinem Temperament, meiner Mentalität gutgetan? Welche Zeit war mir eine Heimat? Kann eine Zeit überhaupt Heimat sein?

Als mir meine Mutter 1974 – ich war 18 Jahre alt – einen Schüleraustausch in Torquay ermöglichte, war ich fasziniert, denn ich betrat nicht nur zum ersten Mal in meinem Leben englischen Boden, sondern vor mit lag auch zum ersten Mal ein Zeitraum, der mir gehörte oder zumindest zu mir gehörte. Nachdem ich mit der mittlerweile pleitegegangenen Monarch Airlines in Luton gelandet war, im dichten Nebel, holte uns ein Bus ab, der uns zu den Gasteltern brachte. Der Fahrer hatte das Radio laut gestellt, und ich hörte einen gut gelaunten Radio-Discjockey Janis Joplins »Cry Baby« ansagen. Da wusste ich: Dies ist meine Musik, meine Zeit. Sie begann damals und endete mit einer gewissen Ziel- und Sorglosigkeit Mitte der Achtziger, als mir die nachfolgende Generation älter, ja, greisenhafter erschien als die meiner Eltern. Generation Golf, das sagt ja schon alles. Kein Vorwurf, war aber so. In dieser Zeit habe ich mir mein Rüstzeug geholt für den Rest des Lebens. Three Dog Night sangen »The Show Must Go On«. Seither war ich sicher, dass mir zwar viel passieren kann, Gutes wie Schlechtes, ich mich auf meinen Überlebensinstinkt und meinen Körper aber verlassen kann. Das war so, bis Kafka und Shaw auftauchten und meine Zeit irgendwie abzuschaffen drohten. So habe ich das empfunden: als Bedrohung in ihrer reinsten Form.

Wenn ich heute gegen die beiden ankämpfe, dann tue ich dies nicht nur mit den Mitteln der Pharmazie, sondern auch und gerade mit Meditation (oder das, was ich glaube, was Meditation ist). Ich hole mir diese Zeit noch einmal zurück, während ich mit geschlossenen Augen auf meinem Meditationshocker sitze. Der Gedanke an Willy Brandt, ernannt durch Bundespräsident Gustav Heinemann, der die Intellektuellen wie die Schauspieler zu beeindrucken wusste, tut mir dann gut. Das ist keine naive Nostalgie, sondern eher eine zeitlich befristete Reise in die Vergangenheit. Wenn ich mir Romy Schneider und Willy Brandt Zigaretten rauchend beim Wein vergegenwärtige, dann labe ich mich am Optimismus der damaligen Zeit, als das Land auf einem guten Weg war. Als Brandt in Warschau niederkniete, übermannte mich das erste Mal schamhaft ein Gefühl von Patriotismus. Meine Zeit. Und ein naiver Glaube an eine friedliche Zukunft.

Und die Politik heute, nein, jetzt, während ich dies schreibe, »verschiebt die Zeitumstellung auf 2021«. Dieser Satz könnte von Loriot stammen. Der SPD-Abgeordnete Ismail Ertug äußert sich diesbezüglich so: »Wir brauchen eine langfristige Strategie und einen EU-weit harmonisierten Ansatz der Mitgliedsstaaten, denn der Binnenmarkt und der Verkehrssektor brauchen etwas Zeit, um sich auf die Änderung einzustellen.« Das war in der »Tagesschau«-App am 4. März 2019 zu lesen. Man möchte diesen Mann unter eine kalte Dusche stellen, damit er zur Besinnung kommt. Aber: Die Buchhalter haben wohl auch hier die Macht übernommen. Mir war ohnedies immer klar, dass es ein großer Fehler war, die Buchhalter in Controller umzutaufen. Seitdem haben sie Rückenwind und Renommee. Fürchterlich.

Und während die Politik mahnend das Tempo reduziert bei der Inangriffnahme der Zeitumstellung, legt sie gleichzeitig Wert darauf, das hohe Tempo auf den Autobahnen beizubehalten. In Deutschland ein Tempolimit auf den Autobahnen zu fordern, erzeugt dieselben irrationalen Reaktionen wie die Forderung nach weniger Waffen in den USA. Aber dann biegt Volvo um die Ecke und sagt, dass ihre Autos demnächst freiwillig nur noch 180 Stundenkilometer fahren. »Wir drosseln die Motoren und glauben, dadurch mehr Käufer zu gewinnen, als zu verlieren.« Richtig! Langsam ist cool. Brächte Citroën heute die Ente in einer Retroversion heraus, mit E-Motor und gedrosselt auf 120 Stundenkilometer, sie wäre ein Verkaufsschlager. Ich glaube das! Das würde nämlich die Werte der Sechziger- und Siebzigerjahre mit den ökologischen Erfordernissen von heute in Einklang bringen. Bob Weir von Grateful Dead wäre sicher das ideale Testimonial für den entsprechenden Commercial. Ja, wenn nicht die Buchhalter die Kontrolle übernommen hätten! Und wer von denen weiß noch, wer Bob Weir ist?

1974 brachte Heinrich Böll »Die verlorene Ehre der Katharina Blum« heraus. Untertitel: »Wie Gewalt entstehen und wohin sie führen kann«. Was heute weitgehend vergessen ist: Unter »The Lost Honor Of Kathryn Beck« wurde sie auch für das amerikanische Fernsehen (CBS) verfilmt.

Kris Kristofferson spielte darin den flüchtigen Terroristen. Böll war tatsächlich meine erste literarische Erfahrung. In seiner Erzählung »Der Zug war pünktlich« lässt er die Liebe siegen über den Krieg, obwohl die Protagonisten, der Soldat Andreas und die Prostituierte Olina, sterben. »Wohin ich dich auch führen werde, es wird das Leben sein«, sagt sie zu ihm – kurz bevor ihr Leben ein Ende findet.

Und ich merke gerade, dass ich nicht nur mein Italien verloren habe, sondern auch mein Amerika. Würde ein amerikanischer Sender heute noch einen kritischen »linken« Böll-Stoff verfilmen, dazu noch einen, der tief moralisch ist? Den Optimismus der damaligen Zeit und die politische Courage, verbunden mit Lebensfreude, gibt es im Moment nicht. Männer wie Trump wurden gewählt, um zu zerstören. Fragen Sie mich nicht, warum man sich für so einen entscheidet. Glauben Sie, Trump, oder auch Berlusconi oder Erdoğan, haben je so ein Buch wie das von Böll in der Hand gehabt? Sie sind vermutlich sogar stolz darauf, nicht zu lesen. Und falls sie solche Texte gelesen hätten, würden sie sie nicht verstehen.

Für mich gilt jedenfalls: Dieses Buch zu schreiben und gleichzeitig zu wissen, dass meine Zeit vorbei ist, gibt mir eine enorme Freiheit. Meine Heimat, so es sie denn gibt, ist die Erinnerung an ein Jahrzehnt, das zu mir passte wie ein Maßanzug. Khalil Gibran hat eben recht, wenn er sagt, dass das Zeitlose in uns ist, und sich der Zeitlosigkeit des Lebens bewusst ist und weiß, dass das Gestern nichts anderes ist als die Erinnerung von heute und das Morgen der Traum von heute.

38.

Vor vielen Jahren fragte mich mein Sohn, woran man merke, dass man älter geworden sei. Nach einigem Nachdenken entschloss ich mich zu der Antwort: »Wenn man sich an Abschiede gewöhnt hat. An Abschiede jeder Art, von Menschen, die gestorben sind, von denen man sich getrennt hat, friedlich oder im Streit, von Orten, von der Geburtsstadt, von Lebensabschnitten.« Diese Antwort gilt für mich heute immer noch, aber ich würde zwei Aspekte hinzufügen: Zum einen erinnert mich das Älterwerden an das Verlassen eines Flughafengebäudes nach Ankunft des Flugzeugs. Bist du draußen, bist du draußen. Eine Rückkehr ins Gebäude ist aus Sicherheitsgründen verboten. Die Tür war keine Tür, sondern eine Vereinzelungsanlage. So der Jargon der Security-Fachleute. Willkommen im Alter? Nein, kein Selbstmitleid bitte: Es gibt eben keine Rückkehr in ein früheres Jahrzehnt, geschweige denn in die Jugend. Alles hat seine Zeit, manche Party ist für immer vorbei.

Zum anderen: Als ich mit Hannelore Elsner »Mein letzter Film« produzierte, bat ich den Autor Bodo Kirchhoff, etwas ins Drehbuch hineinzuschreiben, was mir Hannelore zuvor einmal erzählt hatte, dass nämlich in einem bestimmten Jahr, während eines bestimmten Sommers, die Männer auf einmal nicht mehr begehrlich schauten, sie also nicht mehr Objekt der Begierde war. Das war für sie eine neue und vielleicht auch schwierige Erfahrung. Ich darf Ihnen versichern, liebe Leserinnen, dass es Männern ebenso ergeht. Die Blicke der Frauen haben sich verändert, als ich etwa Mitte fünfzig war. Mir war das nicht so wichtig, aber mit Melancholie zur Kenntnis genommen habe ich es gleichwohl.

Was sagt das aus, was soll es sagen? Das Leben ist eine leicht verderbliche Ware und zum sofortigen Verzehr bestimmt. Und keiner hat je auf dem Sterbebett gestöhnt: »Ach, hätte ich doch mehr gearbeitet!«

Ich wünsche Ihnen eine gute (Restlauf-)Zeit!

ENDE

Nachwort

Kaum habe ich das Wort »Ende« geschrieben, da scheint es mir ratsam, hier an den Anfang zurückzueilen, zur Eingangstür sozusagen, um mich zu entschuldigen bei meinen Gästen, bei Ihnen. Schließlich wollte ich über die Zeit schreiben und nicht so sehr über mein Leben. Ich wollte Sie anregen, eine Affäre mit dem Jetzt zu beginnen. Ich bin mir nicht sicher, ob das gelungen ist. So ein Buch trägt einen davon, auch Kafka und Shaw haben mich immer wieder abgelenkt.

Kurt Vonnegut, dem großen amerikanischen Schriftsteller, muss es einmal ähnlich ergangen sein, als er schrieb: »Ich habe Ihnen eine Autobiographie versprochen, aber es ist was schiefgegangen in der Küche. Es ist zugleich ein Tagebuch dieses eben vergangenen, missvergnüglichen Sommers geworden! Aber treten Sie näher! Wir können immer noch Pizzas kommen lassen, wenn nötig. Treten Sie näher, bitte treten Sie näher!«

Der Soundtrack zu meinem Lebensfilm

Da mein berufliches Leben bisher ziemlich unruhig war, kann ich von Glück reden, dass Rod Stewart zu nahezu jedem Lebensabschnitt einen passenden Song machte und somit ein wenig Ordnung in die ganze Sache brachte. Sehen Sie bitte selbst!

1968 Ich setze meinen Vater vor die Tür, meine Kindheit kann also endlich beginnen. Rod Stewart singt »So Much To Say« und ist noch vollkommen unbekannt.

1971 Das ändert sich, Rod Stewart wird bekannter. Ich höre »Maggie May« im Radio und weiß, mir kann nichts mehr passieren, zumindest nichts Schlimmes. Diese Stimme begleitet mich von nun an durch alle Jahrzehnte.

1972 Ab diesem Jahr bin ich Statist am Staatstheater Kassel. Ich finde also nicht nur meine Musik, sondern auch mein mich rettendes Paradies. Rod bringt die Jimi-Hendrix-Nummer »Angel« raus – eine seiner guten Entscheidungen.

1974 Das erste Mal in England. Schüleraustausch. Torquay. Rod singt »Farewell« und geht ein Jahr später in die USA. Ich gleich hinterher.

1975 Ein Sommer in New Jersey. Bruce Springsteen singt gleich um die Ecke »Born To Run«. Mir beginnt zu dämmern, dass ich in eine geile Epoche hineingeboren wurde.

1977 Ich siedle nach Berlin um und studiere Geschichte und Philosophie. Manchmal Heimweh. Egal! »The First Cut Is The Deepest« in der Version von Rod passt gut zur Melancholie.

1978 Ich ziehe nach Hamburg, bewerbe mich als Regieassistent am Thalia Theater und werde genommen! Ich arbeite für Boy Gobert und Hans Hollmann, Klaus Emmerich und Nicolas Brieger. Eine verdammt gute Zeit beginnt. Rod begleitet das mit »Hot Legs« und »I Was Only Joking« ganz passend.

1980   Boy Gobert geht als Intendant nach Berlin. Ich bin Assistent bei seiner ersten Inszenierung dort. Meine Mutter ist wahnsinnig stolz auf mich. Und ich auf mich auch so ein bisschen. Ich höre oft Rods »Gi' me wings«.

1981   Ich werde an der Hochschule für Fernsehen und Film in München aufgenommen und bleibe dort bis 1984. Mache mit Dorothee Schön den Abschlussfilm »Vom Zusehen beim Sterben«, der dank Elmar Hügler von Radio Bremen in der ARD läuft und den Publikumspreis in Oberhausen gewinnt. Rod singt »The Great Pretender«.

1984   Ich arbeite bei Troost Campbell-Ewald, einer Werbeagentur in Düsseldorf. Werbung! Bei meinen Mitstudenten bin ich unten durch. »Some Guys Have All The Luck«, das entsprach gleichwohl meiner Empfindung. Nicht zuletzt wegen Peter Wilke, damals mein Chef. Ein menschlicher Gigant. Danke, Peter!

1987   Irgendwie vermisse ich nach vielen Werbespots den »richtigen« Film und gehe – Eberhard Hauff sei Dank – zurück nach München zur Neuen Deutschen Filmgesellschaft (NDF). »Every Beat Of My Heart« von Rod ist wie eine Willkommen-in-der-Heimat-Hymne für mich. Endlich wieder richtige Drehbücher entwickeln.

1988   Ich ziehe schon wieder um, nach Düsseldorf zurück und gehe zur Agentur BBDO. Wieder Werbung. Es ist das Geld, ja! Meiner inneren Unruhe tut ein Song gut, den Rod damals mit der Band Glasstiger sang: »My Home Town«.

1993   Akzente-Film – ich wechsle nach Hamburg. Bin mit eigenem Geld in der Firma, also Gesellschafter. Die NDF ist als Mehrheitsgesellschafter auch dabei. Danke, Jürgen Kriwitz. »Ruby Tuesday« in der Rod-Stewart-Version begleitet mich. Viele Filme, viele Preise, viele Erfolge – mit meinem alten Kumpel Holger Heinßen zusammen auf die Spur gesetzt.

1999 Multimedia Film- und Fernsehproduktion, ein Joint Venture von Axel Springer und Studio Hamburg, wirbt mich ab. »Faith Of The Heart« ist Rods Beitrag zu diesem Schritt.

2001 Axel Springer. Ich pendle zwischen Hamburg und Berlin. Rod singt »These Foolish Things«.

2004 ProSiebenSat.1. Nun fahre ich zwischen Hamburg und München hin und her. Rod singt dazu: »What A Wonderful World«. Ich wünsche mir, es wäre so.

2006 Polyphon. Endlich bin ich wieder Produzent und verhältnismäßig sesshaft. Rod singt die alte Nummer von Creedence Clearwater Revival »Have You Ever Seen The Rain«. Ich lenke Ihre Aufmerksamkeit auf die ersten beiden Textzeilen: »Someone told me long ago, there is a calm before the storm ...« Ja, die Ruhe vor dem Sturm.

2012 Dorothee! »She Makes Me Happy« singt Rod, was soll ich mehr dazu sagen. Ich bin wohl doch angekommen – und endlich glücklich. Und das, obwohl Rod in genau diesem Jahr das Album »Merry Christmas, Baby« herausbringt. Ein entsetzlicher Kitsch ...

2012-2019 Ich schreibe Bücher, produziere Filme, moderiere Talkshows. Barbara Schöneberger und die Redaktion rund um Carola Conze machen diese Arbeit übrigens zu einem Fest, sodass es eigentlich gar keine Arbeit ist, sondern die pure Freude.

2020 Im Januar 2020 wird Rod Stewart 75. Pass bloß gut auf dich auf, Junge.

Im Übrigen: Nicht jeder Mensch, der in meinem Leben wichtig ist oder war, kommt in diesem Buch vor. Vieles, was privat ist, soll auch privat bleiben. Andererseits habe ich Menschen erwähnt, die ich oft Jahre, ja, Jahrzehnte nicht mehr gesehen und gesprochen habe. Wichtige Begegnungen und wichtige Menschen, das war in meiner bisherigen Lebenszeit eben nicht immer deckungsgleich.

Playlist

Ohne Rock 'n' Roll, Blues oder Popmusik wäre ich nicht das, was ich bin: ein zuversichtlicher Mann, der die Kraft zum Optimismus nie verloren und die Unsicherheit der Sicherheit meist vorgezogen hat. Dass ich den Rolling Stones und Rod Stewart im Besonderen zu Dank verpflichtet bin, ist Ihnen nicht verborgen geblieben. Hier nun meine Playlist: Ich hoffe, dass die Songs Ihnen Spaß machen und Ihnen das alte Lebensgefühl des Rock 'n' Roll wieder in die Knochen fährt.

ROLLING STONES
Honky Tonk Women
Tumblin' Dice
You Can't Always Get
What You Want
Sympathy For The Devil

ROD STEWART
Gasoline Alley
Downtown Train
Blind Prayer
Last Train Home

JANIS JOPLIN
Cry Baby

JIMI HENDRIX
Hey Joe
Star Spangled Banner

B. B. KING
The Thrill Is Gone

MUDDY WATERS
Mannish Boy

GRATEFUL DEAD
Morning Dew

SCOTT MCKENZIE
San Francisco

Literatur

Marc Augé: Das Pariser Bistro. Eine Liebeserklärung, Matthes & Seitz, 2016

Andreas Hamburger: Filmpsychoanalyse. Das Unbewusste im Kino – das Kino im Unbewussten, Psychosozial-Verlag, 2017

James Hawes: Die kürzeste Geschichte Deutschlands, Propyläen, 2018

Michaela Karl: »Ich würde so etwas nie ohne Lippenstift lesen.« Maeve Brennan. Eine Biographie, Hoffmann und Campe, 2019

Peter von Matt: Sieben Küsse. Glück und Unglück in der Literatur, Hanser, 2017

Hubertus Meyer-Burckhardt: »Du hast mein Leben gerettet«. Hubertus Meyer-Burckhardt schreibt an Rod Stewart, »Die Zeit« Nr. 21, 12. Mai 2016

Sibylle von Olfers: Etwas von den Wurzelkindern, Esslinger, 2016

Tod Papageorge: Dr. Blankman's New York, Steidl Verlag, 2018

Christian Saalberg: An diesem schönen Todestag im Mai. Gedichte, Rimbaud Verlag, 2006

Hans Sahl: Die Gedichte, Luchterhand, 2009

Dietrich Schwanitz: Männer – eine Spezies wird besichtigt, Goldmann, 2003

Kurt Vonnegut: Blaubart, Goldmann, 1996

Martin Walser: Ein fliehendes Pferd, Suhrkamp, 1980

Simon Walther: ZwischenSaison, AS Verlag, 2018

Peter Wohlleben: Wald ohne Hüter. Im Würgegriff von Jagdinteressen und Forstwirtschaft. Ein Förster erzählt, Adatia Verlag, 2007

Michel Würthle: Paris Bar. Berlin, Quadriga Verlag, 2000

Konrad von Würzburg: Heinrich von Kempten/Der Welt Lohn/ Das Herzmaere, Reclam, 1986

Dank

Ich danke Stephanie Ehrenschwendner für ihre Unnachgiebigkeit, ihre Detailverliebtheit, ihren Humor, ferner meiner langjährigen Assistentin Jeanette Witthaut für ihre Geduld, mit der sie mir immer wieder die digitale Welt näherzubringen versucht.

Ich danke von Herzen meiner Mutter Brigitte und meinen Großeltern Christel und Hugo Vollbrecht, die mir beim Schreiben aus dem Jenseits zuschauten und mir auf diese Weise wieder sehr viel näherkamen, als ich das erwartet hätte.

Ferner gilt mein großer Dank Professor Andreas Gross in Hamburg, meinem Arzt Doktor Thomas Kafka in Essen sowie meinem wunderbaren Apotheker Winfried Radinger in Castrop-Rauxel.

Und schließlich möchte ich der Buchhändlerin Maria Rupprecht und Marie Theres Kroetz-Relin, Thomas Bohn sowie Ottfried Fischer dafür danken, mich unverdrossen zu Lesungen nach Bayern einzuladen.

Vor meiner Agentin Anke Lütkenhorst verneige ich mich, sowohl in Dankbarkeit als auch in Respekt. Unsere Zusammenarbeit könnte wunderbarer nicht sein.

Penguin Random House Verlagsgruppe FSC® N001967

6. Auflage
Vollständige Taschenbuchausgabe September 2021
Copyright © 2019 der Originalausgabe:
Gräfe und Unzer Verlag GmbH München
Copyright © 2021 dieser Ausgabe: Wilhelm Goldmann Verlag,
München, in der Penguin Random House Verlagsgruppe GmbH,
Neumarkter Str. 28, 81673 München
produktsicherheit@penguinrandomhouse.de
(Vorstehende Angaben sind zugleich
Pflichtinformationen nach GPSR)

Umschlag: Uno Werbeagentur, München,
nach einem Entwurf von Martina Baldauf, München
Umschlagfoto: Stephan Pick
Projektleitung: Simone Kohl
Lektorat: Alexandra Bauer (textwerk, München)
Innenlayout: independent Medien-Design, Horst Moser, München
Satz: Uhl + Massopust, Aalen
Druck und Bindung: GGP Media GmbH, Pößneck
Printed in Germany
KF · CB
ISBN 978-3-442-14266-8

www.goldmann-verlag.de